# 校园体育教育改革与文化建设研究

吴彩芳 著

中国原子能出版社

## 图书在版编目（CIP）数据

校园体育教育改革与文化建设研究 / 吴彩芳著． --
北京：中国原子能出版社，2021.8
ISBN 978-7-5221-1551-1

Ⅰ．①校… Ⅱ．①吴… Ⅲ．①体育教育—教学研究
Ⅳ．① G807.01

中国版本图书馆 CIP 数据核字（2021）第 179286 号

## 校园体育教育改革与文化建设研究

| | |
|---|---|
| **出版发行** | 中国原子能出版社（北京市海淀区阜成路 43 号　100048） |
| **策划编辑** | 杨晓宇 |
| **责任印刷** | 赵　明 |
| **装帧设计** | 王　斌 |
| **印　　刷** | 天津和萱印刷有限公司 |
| **经　　销** | 全国新华书店 |
| **开　　本** | 787mm×1092mm　　1/16 |
| **印　　张** | 11.75 |
| **字　　数** | 210 千字 |
| **版　　次** | 2022 年 1 月第 1 版 |
| **印　　次** | 2022 年 1 月第 1 次印刷 |
| **标准书号** | ISBN 978-7-5221-1551-1　　　　定　价 68.00 元 |

网　址：http//www.aep.com.cn　　　E-mail：atomep123@126.com
发行电话：010-68452845　　　　　　版权所有　翻印必究

# 前　言

随着教育观念的不断变革，近年来也逐渐呈现不再一味的只看重学生的专业知识，开始注重学生的全面发展，全面发展的其中之一就是体育的发展。传统的体育教学方式已经无法适应时代发展需求，当下校园体育教育要从学生的需求入手，培养学生的终身体育理念。但就目前的情况看，要实现这一目标，还存在很多问题有待解决。基于此，本书对校园体育教育改革与文化建设展开了研究。

全书共七章。第一章为绪论，主要阐述了体育的产生与发展、体育教育的产生与发展、体育教育及相关概念辨析、体育教育与人格魅力的塑造等内容；第二章为校园体育教育改革的思考，主要阐述了体育教育的现状与问题和体育教育的发展前景思考等内容；第三章为校园体育教育理念的改革，主要阐述了"健康第一"的教育理念、"以人为本"的教育理念、"终身体育"的教育理念等内容；第四章为校园体育教育内容的改革，主要阐述了体育课程概说、体育教育内容的编排与选择、体育教育内容的发展与改革等内容；第五章为校园体育教学模式的改革，主要阐述了合作学习体育教学模式、多媒体网络体育教学模式、体育翻转课堂教学模式等内容；第六章为校园体育文化的发展与传播，主要阐述了校园体育文化相关概念解析、校园体育文化的产生与发展、校园体育文化的多元化传播、校园体育文化的现代化创新等内容；第七章为新时期校园体育文化的建设，主要阐述了校园体育文化建设的原则与要求、校园体育文化建设的内容与形式、国内外校园体育文化建设的探讨、校园体育文化建设的结构与方向等内容。

为了确保研究内容的丰富性和多样性，在写作过程中参考了大量理论与研究文献，在此向涉及的专家学者们表示衷心的感谢。

最后，限于作者水平有不足，加之时间仓促，本书难免存在一些疏漏，在此，恳请同行专家和读者朋友批评指正！

作　者
2021 年 1 月

# 目　录

# 第一章　绪论

体育是社会需要的产物，是随着社会的发展而形成的一门独立的学科。本章分为体育的产生与发展、体育教育的产生与发展、体育教育及相互概念辨析、体育教育与人格魅力的塑造四部分。主要内容包括：体育科学的发展对社会发展的影响、体育产生和发展的动因、体育教育发展的建议、体育教育与健康的辩证关系、体育教育对学生身心发展的影响等方面。

## 第一节　体育的产生与发展

### 一、体育产生的背景

体育是一种社会活动。当社会发展到一定阶段后，人类产生了这方面的需求，体育就应运而生了。人们在进行体育活动的同时，不仅身体能够得到锻炼，也能从运动中体会到乐趣。体育的存在形式和发展速度受社会发展水平和经济水平的制约。同样，体育对社会的发展也有很大的影响。随着经济水平的提高和社会的高速发展，体育对各行各业的影响越来越大，所以要求现代体育的发展要朝着科学化的方向发展。

体育最初是以体力劳动的形式存在的，是人类为了能够在社会中生存下来而进行的体力劳动。随着社会的发展和时间的推移，人类能熟练地应用工具，并在劳动的过程中积累了一定的经验，再加上各种新的劳动工具的发明，人类已经不满足于能够在社会中生存，有了更深层次的需求。生活条件的改变，也对人类的身体提出了更高的要求。

随着社会的快速发展，科技水平的不断提高，劳动工具越来越先进，生产机器越来越自动化，生产的水平越来越现代化，这些情况都很大程度的解放了劳动力。同样的工作任务，人们完成它需要的时间越来越短了，减少了人们劳

动的时间。另一方面，随着信息时代的到来，交通工具和社交媒体越来越多样化，在很大程度上缩短了人们出行的时间，使人们之间的沟通更加方便，但是人们的运动量也相应地缩短了，长此以往，由于缺乏一定的运动量，人们的身体素质逐渐变差，这个时候就需要加强体育锻炼，增强体质，使身体保持一种健康的状态。由此可见，体育是人类生活中不能缺少的运动活动，体育活动不仅能丰富人们的生活，适当地进行体育运动，也能帮助人们增强体质。在运动过程中，人们工作生活中的压力也可以在运动中得到缓解和释放。

## 二、体育产生和发展的动因

在原始社会，人类为了在恶劣的大自然条件下生存，进行了一系列的生产活动，体育就是在这些生产活动中产生的。随着社会的发展和进步，人类不再满足于基本生存所需要的物质需求，也想要满足自己内心的精神需求，由此就产生了体育运动。总之，体育的发展不能脱离社会而存在，社会的发展也离不开体育的影响，二者相辅相成，体育产生和发展的根本动因是社会的需要。

### （一）体育萌生与社会需要的相关性

马克思在他的著作中详细地分析了社会需要理论，他的观点是人类为了能够在社会中生存下去，才有目的地进行了一系列的生产活动，当通过生产活动获得食物，满足了需求之后，人们又会产生新的或者更高层次的需求，二者是相关促进、相互制约的关系。因此，社会的需求和生产活动的方向性要保持统一。

社会需要是人们对一些事物需求的体现，是一种发自内心的需求，也是支配个人行为的原动力。人们正是为了满足各种各样的需求，才进行的各种各样的行为活动。人类是一种有自己思维能力的高级动物，为了能在艰苦的环境下生存，他们会自己想办法创造工具和制造食物，在适应恶劣的环境后，又能改变生存的环境，使自己的生活过得更好。这些劳动活动不仅锻炼了身体，增强了体质，虽不能称为体育，但是孕育了体育萌生的因素。

人类社会是一个非常庞大和复杂的社会群体，因此人们的需求也是多种多样的。按照马斯洛提出的"需要层次论"，按照由低到高的顺序，人的需求可以划分为：生理需要、安全需要、社会需要、尊重需要、自我实现的需要。这些需求是人类在社会中生活必然会经历的心理过程，满足这些需求的方式有很多种，但都是通过人类的身体活动来实现的，这也是体育产生的内在原因。

### （二）体育发展与社会需要的紧密性

体育作为一种社会活动，离不开社会的影响，二者是相互影响相互促进的关系。因此，从某种程度上来说，体育的发展史也能体现社会的发展过程。体育的发展史是一个很漫长的过程。在原始社会，自然条件十分恶劣，人们的思想比较愚昧无知，为了能够生存下去，人们进行着各种体力劳动。一方面，人类通过劳动改变了自然条件，获取了食物等劳动成果。另一方面，人类在劳动的过程中，也学习到了很多新技能，改变了自身的很多特征。在这个时期，体育和劳动并没有分开单独存在，而是混合到一起共同存在着。

随着社会的发展，人类创造产品的能力越来越强，不仅能满足日常生存的需要，还能有一部分剩余的产品，这样人们就有更多的时间进行其他的活动，来满足更进一步的精神需要。当人们在劳作之余有时间进行一些娱乐活动的时候，就代表了体育与劳动正在慢慢地分离。人类逐渐意识到身体活动不仅能给生活带来娱乐，也能增强身体素质，抵抗病毒的入侵。人们慢慢地就把这种运动传播和发展起来，把这种身体活动作为一种保证身体健康的手段。当以改善身体健康为目的而进行某种身体活动时，体育就以独立的形式产生了。

体育不能脱离社会而独立发展和存在，它的影响渗透到了社会的各个领域中。体育的发展会随着人类社会的发展而发生变化，它有自己的发展轨迹。体育萌芽于原始社会，在奴隶社会和封建社会以独立的形式存在和发展，在资本主义社会得到了突飞猛进的发展。体育能在资本主义社会得到迅速的发展，主要有以下三个原因：一是拥有丰富的物质条件，二是社会发展的需要，三是人们对精神方面追求的提高。人们在拥有丰富物质财富的同时，也追求丰富的精神生活，这样就使体育的发展有了更广泛的社会基础。随着信息化时代的到来，各国之间的体育交流机会更加频繁。体育运动的作用已经不再局限于满足个人精神生活水平的提升，而是扩大到了社会和国家层面。体育运动也可以作为一种外交手段，各个国家通过体育竞技比赛，互相学习，互相交流。另一方面，体育运动还能振奋民族精神，这种体育价值的改变，也标志着体育发展到了一个新阶段。

## 三、体育发展史

### （一）自然体育

自然体育是人类社会中存在时间最久、最原始的一种体力劳动。顾名思义，

自然体育包含自然和体育两方面的含义。自然是指不受外力干扰，自然存在的现象，在自然的环境中，人类的生活完全受大自然的支配。体育是指为锻炼身体而进行的一系列体力活动。

自然体育是指在原始社会，人类为了能在恶劣的自然环境中生存，而利用大自然的条件进行的一系列的体力劳动。自然体育的观点是由卢梭提出的，他认为所谓"自然体育"就是运用自然的工具和方式使人类得到自然的发展。自然体育主要存在于原始社会。在原始社会中，生活环境恶劣，人类头脑简单四肢发达，自然体育就由此得以萌发、发展和成长。

## （二）专门体育

专门体育是指随着人类社会的发展，人们为了能够适应新的环境、追求更高的物质和精神条件、更好地在社会生存，从劳动活动中发展出来的专门培训劳动者技能的教育。从某种角度来说，这是一种积极向上的、有意识地体育活动。在社会发展过程中，以下三种体育属于专门体育的范畴。

### 1. 学校体育

学校最早出现在奴隶社会。在当时的社会条件下，人类社会被分成奴隶主和奴隶两大群体。奴隶主为了更好地统治社会和控制社会秩序，就创办了学校，这时候的学校是为奴隶主服务的场所，但是当时还没有学校一词。后来经过几千年的发展，曾用过很多个名字，直到辛亥革命以后，才把教育的场所称为学校。

学校在产生初期，并不是专业的教育场所，而是练习技能或者养老的场所。教育的内容主要是人们之间的生活技能的传播和沟通，由经验丰富的、手艺精湛的人向其他人传授耕种和盖房子等专门的技能。古代学校体育主要是传授纺织、棋艺、书法等。现代学校教育分为四个阶段：幼儿园、小学、中学和大学。学校体育的主要目的是帮助学生增强身体素质，身心共同健康发展，养成顽强的体育精神，学业完成步入社会后，做一个拥有体育思想的人。学校体育教育最终的目的是普及全民体育，提高全民健康水平。

### 2. 军事体育

军事体育产生于充满矛盾和斗争的社会环境中，是人类为了能够生存，并有能力维护自己利益的一种实现的手段。军事教育的对象主要是士兵，为了提高他们的身体素质和战斗力而进行的一种身体运动。

军事体育产生的主要原因是社会中存在竞争和矛盾。例如：争夺土地、争夺统治权。统治阶级为了维护自己的利益，通过军事体育，锻炼士兵，提高自己的战斗力。在原始社会，人类主要以由有血缘关系的群体进行居住，他们主要生活在山洞中，主要以捕鱼、打猎、耕地为生。随着人口的繁衍，原始部落的人数越来越多，生存所需的资源也越来越多，人类就会扩大自己的生活范围，导致与其他部落产生矛盾，进行资源争夺战。战败的一方会总结失败的原因，在以后的生活中，不断地积累新的技能，强身壮体，为抵抗外来入侵做准备，这也是原始社会最早的军事体育形式。这时期的军事工具都用的是生活中常用的刀和箭。军事与体育的结合，使二者相得益彰。体育可以增加军事的战斗力，军事的胜利也能带动体育的发展。社会发展到奴隶社会以后，常见的军事训练项目有射箭、摔跤、马术等，后来经过几千年的发展，这些项目成了很受欢迎的体育项目。

3. 竞技体育

竞技体育是为了达到某种目标而进行的体育活动。竞技，顾名思义，是竞争的意思，没有竞争就没有动力，有了动力才会去行动，最终实现人类社会的发展。竞技体育是一种具有竞争力的体育运动，是从体育教育中分离出来的一种以提高运动员竞技水平的一种社会活动。在运动的过程中，它虽然不能提高人们的文化知识的水平，但是却能激发人们勇于冒险、吃苦耐劳的品质，挖掘出人们的运动潜能。

## 四、现代体育发展的机遇和挑战

体育与生活息息相关，当下，因疫情的原因，全国体育赛事按下了"暂停键"，所有的体育产业也悄悄停滞不动，这再一次从侧面反映出体育与社会、体育与经济接轨的重要性，体育也无法游离于经济体制之外独立发展。随着我国疫情的良好控制，体育产业、体育事业都在慢慢复苏，中国体育也该抓住新机遇，积极找寻"复苏"的新方案。

### （一）体育发展的机遇

文化的发展在于文化的交流模式，疫情后在文化大背景下，中国体育的发展可谓是遇上了很大的机遇，世界体育赛事的新潮促使体育发展，中国体育与中国传媒产生了巨大的碰撞，我国体育传媒也已然与体育运动接轨，创造出新理念、新方法。文化是民族凝聚的希望，体育文化是体育人的精神支柱，也是体育运动员传承的理念，体育是中华文化特殊的重要组成部分，体育离不开文化，没有文化的体育是没有生命力的，文化也离不开体育，文化离开体育就是

不完整的文化。在体育活动中，传递中国体育文化，推动中国体育事业的发展，在建设强国中体育文化也将发挥出特殊的作用，在中国文化中占据不小的地位。在疫情这个大背景下，在新的形式与新的政策发展中，体育文化发展手段更加灵活，体育发展的形式也更加全面，更加为中国体育文化的发展找到了好的时机，我国体育应该借助后疫情时机，将中国文化战略输出，能构建中国体育文化成为民族之希望，成为我国综合实力的主要部分。

## （二）体育发展的挑战

疫情的突然袭击对体育产业有了相当大的冲击，在疫情前，为了获得中国体育项目在世界中的竞争优势，我国十分重视对体育项目的支持，对有优势的体育项目会重点培养。经过多年的发展，目前体育事业在不断壮大以及扩宽前进的道路。后疫情下，所有体育产业，体育赛事、体育服饰、体育广告、体育传媒的工作都戛然而止，疫情期间要求居家隔离，体育户外活动、体育旅游、体育会展的全面停工，使整个体育产业的亏损巨大，这些负面的影响也都对体育产业造成了很大的危机。在体育赛事无法开展起来的时候，体育产业是无法进行增长的。近期我国疫情稍见好转，各个省市都在以核酸检测与删减比赛人员的策略来促进比赛正常开赛，但全国赛事还是在向后延迟，体育产业大部分重心着力于体育赛事，所以体育赛事的减少完全导致中国体育产业的发展乏力，没有体育赛事的支持，中国体育就像不会走路的腿，体育产业也无法发展起来，只有赛事的冲击才能使中国体育产业回升。

## （三）体育的发展路径

疫情使中国经济受到了一定的影响，疫情后，经济、社会逐渐复苏，体育比赛的开展也推进了体育赛事、体育产业、体育传媒的发展，在举办比赛的过程中是弘扬中国体育文化的好时机。中国体育应该多与国际体育组织沟通，积极推动"一带一路"的体育文化交往，借着中国举办大型赛事的超强能力，加强多种国际比赛的实践，以体育的方式传播中国文化，弘扬我国理念。

后疫情时代的到来也是中国体育的机遇，以体育方式弘扬中国文化，以竞赛能力增加体育精神力。在体育发展过程中，体育与文化、体育与人民都有着不可分割的关系，同时需要运动员与赛事产业相融相交，共同合作，才能迎来中国体育事业美好的春天。

# 第二节　体育教育的产生与发展

## 一、体育教育的产生

体育是人类在日常生活中积累的一些生产劳动活动，随着社会的发展，体育的内容也会不断地发生变化。总之，体育是人类文化史中很重要的一部分，体育想要在社会中得到传播和发展需要通过体育教育这个渠道。体育活动是在生活中产生的，它受当地风俗文化习惯的影响很大，因此不同的地域产生的体育活动，都具有自己的特征，包含各个地域的风俗特点。每个地区都有自己独特的风俗特征，因此体育在发展过程中，会受到当地文化的影响，产生不同的体育文化。不同的地区文化造就不同的体育文化，不同的体育文化造就不同的体育教育。

### （一）中国古代的体育教育

中华民族有五千年悠久的历史，创造了灿烂的文化，在社会文化发展的过程中，体育也起到了巨大的作用，但是很多时间我们并没有意识到体育的作用。翻阅古籍，探索中国体育的发展之路，人们发现原来早在奴隶社会的教育体系中，就已经存在体育的概念。根据历史记载，在夏朝的时候，体育教育和学校就已经存在，只是概念没有那么清晰。在夏朝，"学"和"序"都是学校的名称。后来随着社会的发展，到了西周时期，又产生了以"国学"和"乡学"为名字的学校。这时期的学校是专门为统治阶级服务的，只有较高身份地位的人才能进入学校享有学习的机会。由于费用很高，普通老百姓根本无法承担这部分教育费用，他们很难有进入学校进行学习的机会。在奴隶社会，学校的体育教育内容是礼、乐、射、御、书、数，被称为"六艺"。统治阶级通过学习这些才艺，来展示自己的社会地位。另外，从漫长的军事体育史上看，我国也出现了相应的体育教育内容。由此可见，我们古代就已经形成了各种类型的体育教育思想，为我国近现代体育教育的产生奠定了良好的基础。

### （二）古代欧洲的体育教育

竞技体育源于欧洲，古代欧洲的教育是以体育教育为基础，因为那个时期人类之间的争夺战没有停止过，这种社会环境下，就产生了体育教育。现代欧

洲的竞技教育起源于古希腊。在古希腊社会，人们认为拥有健康的身体是最大的财富，只有拥有了健康的身体，才能形成安全感，才能有更多的时间去进行其他活动。在古希腊的斯巴达教育体系中，体育是一个非常重要的内容。当时社会处于震荡期，发展很缓慢，封建主义和宗教主义在社会中共存，矛盾十分激烈，人身安全得不到保护，在这种社会环境下，骑士制度应运而生，在一定程度上起到很大的积极作用。人们认为骑士是一个令人羡慕和尊重的身份，大家都争抢着想当骑士，但是想要成为骑士并不容易，最重要的条件是要有强壮的身体，身体要经得起严格的体能训练，掌握一定的体育技能。这些技能的形成必须通过体育培养，并通过体育教育来完成培训和学习。

## 二、体育教育的发展

### （一）古希腊时期的体育教育

古希腊社会中存在斯巴达和雅典两种教育体系。斯巴达教育的主要内容是军事体育，它的主要目标是建立强大的军事力量。它带有浓重的军事色彩，因此具有很大的局限性，所有这种教育体系并不是一个完整的教育体系，并没有为后来体育教育的发展留下很多可以借鉴的理论资料。雅典教育体系与斯巴达教育体系有很大的不同，它们的国家性质不一样，雅典是一个奴隶性质十分强烈的国家。但是他们也存在共同点，首先体育的目的都是为了能够增强体质，培训儿童成为国家的成员是主要目的。在当时的社会环境下，主要的思想言论是健康的身体是从事一切工作的前提条件，每个人都应该积极地进行体育锻炼，增强体质并磨炼自己的意志。这时期思想的确立为日后的体育发展打好了一定的思想基础。

### （二）文艺复兴时期的体育教育

在欧洲封建社会时期，统治阶级重视基督教会，想利用宗教的力量来加强国家的政治统治地位。他们认为世界上存在灵魂，灵魂的地位远远高于肉体，肉体的地位是最低级的、最不重要的。在这种政治思想的统治下，统治阶级要求人们要控制自己肉体的欲望，去追求灵魂的价值。这种思想与古希腊的体育思想完全背离，严重影响了体育教育的发展速度。随着社会的进步和发展，封建主义社会逐渐被瓦解，人类社会进入到资本主义社会。资本主义社会完全推翻了封建社会的思想，废除了封建社会的旧制度，建立和实施了一些新的思想。文艺复兴就是在这个时期兴起的，它的主要目的就是推翻封建社会错误的思想，涌现出了一大批思想家，他们呼吁社会重回古希腊，呼吁人们更关心自身的利益。在文艺复兴这股思潮的影响下，欧洲很多国家开始了宗教改革运动，最著名是德国的宗教改革运动。这场宗教改革运动，是在马丁·路德的领导下进行的，它否定了教会和宗教高高在上的地位，认为所有人的地位都是平等，没有高低贵贱之分，这股新的思想革命浪潮释放了人们的思想，人们再次把关注点转移到自身上，再次意识到了体育教育的重要作用，学校重新开办体育教学课程，并研究了很多新的教学方法。以下三种方法对后世造成了深远的影响。

①否定身体是制约灵魂的观点。

②体育教学理论要结合实际情况制定，不仅要有实用性，也要有趣味性，对孩子的行为举止进行规范化的管理。

③继承和发扬传统体育教育理念。

### （三）法国大革命时期的体育教育

在欧洲社会的发展进程中，法国的资产阶级革命对体育教育发展的影响是最大的，在 18 世纪，法国是欧洲地区影响力最大的国家，也是封建专制主义最强大的国家。1789 年，法国资产阶级革命爆发，资产阶级迅速崛起，促进了"启蒙运动"的产生，在这个时期，社会涌现出一大批教育家和思想家。比较具有代表性和影响力是卢梭，他提出了身体教育的理念。

第一，任何社会问题的产生来源于邪恶的人性。邪恶产生的根本原因是人类身体的脆弱，是人们为了逃避现实问题而产生的。因此，只有培养身强力壮年轻人才能改变社会的丑陋现象。

第二，孩子的学习能力是最强的，孩子学习到的生活技能越多，就越能够在社会中更好地生存。为了能够最大限度地发挥孩子潜在的能力，就要加强对他们的培训，针对这些培训，卢梭提出了解决问题的计划。另一方面你，他利用洛克的劳动教育思想，并利用各种体力劳动来培训儿童。

第三，提出了体育和脑力相结合进行教育的观点，二者存在相互影响、相互作用的关系，只有有效地把体育和脑力相结合运用起来，才能取得较大的成功。

卢梭的教育思想传播到了世界各地，受到了很多教育家的认可，在德国等国家开办了很多学校，利用卢梭思想来指导学校的体育教育。

### （四）现代体育教育的发展

1."健康第一"的体育教育思想

在现代社会，随着经济的发展和物质水平的提高，人们越来越重视健康问题，也把健康作为一种生活理念。健康的生活理念是指在饮食方面，挑选绿色健康的食物进食；在生活方式方面，遵循早睡早起的健康生活习惯。但是也有些人没有意识到健康的生活习惯的重要性，所以说接受一定的健康教育，对每一个人的成长和全面发展至关重要。为了顺应时代的发展和社会的需求，在未来的教学活动中，要借助体育教学这一途径，向学生灌输健康生活的理念，加强身体健康的教育，最终达到身体和心理共同发展的目的。体育教育和健康教育是相互影响、相互促进的关系。所以说，在进行体育教学课程的同时，要把健康的理念融入课程之中，让学生意识到健康的重要性。

2.以素质教育为主线的体育教育

素质教育注重学生的全面发展，体育教育是素质教育的一个重要手段。其本质内涵在于学生参加体育锻炼，参与体育比赛，提高自身身体素质、心理素质、社会适应能力以及人格等方面的综合素质。在实行素质教育的过程中，身心健康素质是学生发展其他素质的重要基础。让受教育者参与一定的体育教育，使他们拥有优美的身材强健的体质，身体机能也得到强化，并有助于平和心态和定期锻炼习惯的养成。促进身心的健康发展，提高对环境的适应能力，以自信、稳定的心态迎接所有挑战和困难。因此，体育教育应该以素质教育为主线，不断提高自己的教育品质，丰富自己的教育内容，为培养全面发展的人才作出贡献。

# 第三节　体育教育及相互概念辨析

## 一、体育教育与健康的辩证关系

随着国家和学校的发展，为了提高学生的体育核心技能和素养，体育与健康课程已经逐渐成为学校必不可少的一部分，对于学生的身心健康发展产生十分重要的作用和影响。学校的体育与健康课程不仅仅向教师和学生传递了提高学校体育的知识与训练技能，增强体质，同时也充分培养了教师和学生吃苦耐劳、与他人之间互相协作的意识和能力。

### （一）体育与健康的内涵分析

体育与健康是通过学生身体进行练习和身体运动为主要方式，以提高学生体育与健康的知识、技能和训练方法的运用为学习内容，和增进教师与学生自我健康意识为主要学习目的的体育必修课程，是教师和学校课程体系的重要组成部分，是为了提升学校学生的素质教育和培养学生德智体美全面融合和发展的人才必不可少的一个重要方式。在体育教育中，学生的身心健康和体育老师之间有着十分重要的关系，教师运用丰富的现代化教学手段和创新的方法来树立和转变科学教育理念，运用一种具有个性化、趣味性体育游戏的方式来充分激发和培养学生的创新性和学习喜好，比如羽毛球这种属于终身性的一种体育运动爱好，教师也可通过改进体育教学中的评价，学生自己与自己进行比较，不按照学校的统一标准进行评价，也就是学校可通过组织和举办体育竞赛的方式来激发学生的参与热情，大力地向学生宣传"健康第一"的观念，让学生更加重视教育终身性健康体育的观念。健康是指我们的身体、心理和与社会以及各方面都一如既往保持积极的健康状况，而不仅是说身体没有一点疾病和从不生病。所以，我们应该要用辩证的眼光一分为二地看待这项问题。只有当我们在身体和心理以及社会适应的各方面都保持良好的健康状态，才可以算得上真正意义上的身心健康。

### （二）体育运动是促进健康的重要手段

#### 1. 体育运动促进个人身体健康

身体健康说的是我们的个体保持一种良好的体能、正常的机能、精力充沛的健康状况。全面发展自己的体能，来提高和保持自己身体健康状态。但是当今社会生活节奏的加快，部分人的生活习惯不合理，会导致一些慢性病的出现。终身体育促进人体的生理和心理发展，每个人的不同时期的体育锻炼具有积极的意义，要根据人体发展的不同时期的特点进行体育锻炼，每个时期的锻炼要求不同就需要不同的锻炼方式和方法，体育运动不是一蹴而就的，而是一个长期的过程，更要从小就具备终身体育锻炼的意识。终身体育不仅能够强身健体，更可以丰富我们的精神世界，得到更好的精神享受，心理上会产生成就感、舒畅感。随着社会的迅速发展，人们往往追求更高层次精神层面的价值。所以，让我们的学生树立终身体育观就尤为重要，要让我们的学生了解到和认识到为何需要进行体育锻炼，如何对他们进行适当的体育锻炼，养成定期进行体育锻炼的良好习惯，从而可以促进他们的德智体美劳全面的发展。学生在进行体育

锻炼的过程中，可以磨炼自己的身体和意志，适当地进行一些体育锻炼活动可以有效促进自己的身体肌肉力量增长，学生时期正是身体心理健康发育的关键时期，通过一些体育运动可以帮助他们使自身的体质和免疫力进一步增强，提高对一些细菌和病毒的抵抗和侵害。运动可以提高新陈代谢，增强心肺功能，增强身体的肌肉力量和韧性，提高血液循环系统中的蛋白质养分吸收和运输能力，消耗蛋白质和脂肪的同时也增强了心脏、肺等身体各器官的新陈代谢机能。

2. 体育运动与辩证法的相互联系

世界上一切的事物，都具有一定的两面性，只有一面的事物根本都是不可能存在的。如何加强体育运动最重要的一点就是不要过度的加强体育锻炼，因为一个人的运动量对身体是有一定承受限度的，太强的运动和体育锻炼有时还是会直接使自己的心脏受伤，人如果运动量过大、过度运动，首先可能会受到损害的器官就是骨骼、肌肉、关节、筋膜，很容易就会出现这些骨骼器官和肌肉组织的严重劳损甚至是出现了应力性运动导致骨折等的情况。但是平时运动量不大的突然需要进行大量的应力性运动，甚至是跑完了马拉松的话是很容易出现这些骨骼肌肉和筋膜的过度劳损，甚至导致患者出现了骨折的严重情况。此外，运动量过大、过度运动或其他因素可能会直接增加患者心脏的压力和负担，导致患者出现心肌缺血、心肌损伤的严重情况。而过度的运动后体内骨骼肌肉组织中的这些乳酸物质就会大量的排泄和堆积增加患者肾脏乳酸排泄的压力和负担，严重的甚至可能会直接导致患者出现急性的肾小管功能的损伤、肾功能衰竭的严重情况。所以运动要适度和适量，找到适合自己的运动方式。

## 二、体育教材与体育教学内容的关系

### （一）体育教材和体育教学内容的概念

1. 体育教材

课堂是鲜活的，教材是静态的，在动态的教学过程中，体育教材被赋有广义和狭义的属性，有学者认为"体育教材是能够让学生系统学习，符合逻辑规律和知识机构体系，是教学和学习的媒介，广义的体育教材包括教师教学所用的各种辅助材料，包括教科书、讲稿、参考资料等各种教学材料；狭义的体育教材通常指体育教科书"。对体育教材概念的确定应从不同的角度看待，"从历史发展角度来看，体育教材不仅只包括体育教科书，也还包括教学所用的媒介，如光碟、卡片、模型、挂图，还应该赋予历史发展的元素，具备社会发展的特征，关注学生发展的同时，融入民族传统特色，本土与新兴项目的结合与开发，也就是具体的教材"。也有学者认为："体育教材是反映该时期教学思想和社会需要所编制的理论和实践材料，并且体育教材具有两种属性，教材既是教授的内容也是学习的课本，是一种抽象的内容也是一种具体的实物，教材是具有中介性和目的性，是教学信息的载体"。

不同学者有不同的看法，大多学者都认同广义的体育教材的含义，认为体育教材是教学中所用到的一切素材，包括理论和实践操作。广义的体育教材是辅助体育教学中的一切材料，体育教材形式多样，是体育教学的载体和媒介，是教学活动的工具，比如：讲义、图片、PPT、音像等，狭义的体育教材是对众多体育素材进行筛选过的，结合学生发展特点的，按照学科发展规律的，符合教学大纲、教学目标而加工编制成的教科书。

2. 体育教学内容

体育教学内容讲的是学生"学什么"的问题，有学者认为，体育教学内容是为完成体育教学目标而选用的体育知识和运动技能体系，它是以体育教学为目的，以学习一定的运动技能，通过身体练习，能够完成教学比赛和组织竞赛等不同的形式体现"体育教学目标确定体育教学内容的选择，除了符合目标，还得根据学生身心发展特点，传授学生知识和技能等。体育教学内容还包括在体育教学环境下各种具体的体育教学方法、教学手段、教学形式、教学内容的总称。更加具体更加细致更加微观，包括教师的"教"学生的"学"的所有内容。

## （二）体育教材与体育教学内容的辩证关系

体育教材与体育教学内容是体育教学中两个要素，大部分体育教育工作者在多年的工作经验中，并未对体育教材和体育教学内容间的关系进行研究和探讨，在体育教学中，应把握好两者关系而进行在诸多素材中进行加工组织，更好地服务于体育教学。两者间的关系有学者认为"教材不同于教学内容，教材是在教授过程中所利用的一切素材和方法，是师生教学活动的媒介，而教学内容是具有一定文化价值内容，有一定的教学内容为前提，而承载着有价值的素材时才谓之教材，且才有意义，教材承载着教学内容，但教材不是教学内容的全部，教材是在有价值的体育教学内容中筛选、判断和选择出来的，教学内容蕴含教材，是一种承载和被承载的关系"。"教学内容的素材多，来源广，难归类；需要经过严密的逻辑关系，和一定的教学规律来对其内容进行加工和组织，甚至创新，演变为教学素材及教学方式方法等，使之适合于在体育教学环

境中，再将教学内容进行组合、排列就形成具体的教材"。

体育教材与体育教学内容既联系又区别，对体育教学内容按一定的逻辑关系，进行选择，形成体育教材。体育教材包含具体的教学内容，但也从属体育教学内容，体育教材是体育教学内容的"教材化"，而教材化的内容就是体育教学的具体内容，体育教材具有一定的稳定性，体育教材构成的主体是体育教学内容，体育教学内容体现体育教材。教学内容不同于教材，教学内容是"教什么"的问题，如：传授的知识，包括教师的"教"和学生的"学"，教材涉及的是"用什么教"的问题，它是从诸多素材中选出来的教学材料，两者以"关系"的形式存在。教材是静态的，课堂是鲜活的，教学内容源于教材，教材是选择体育教学内容的前提和保障，在体育教学中应该超越教材，教材中选择的内容需经过改造加工创新，才能富有价值。

综上所述，体育教材和体育教学内容既联系又区别，体育教材是按照一定的逻辑关系以学科的知识体系为框架编制的，而体育教学内容是以身体锻炼为主要手段、以体育教育为主要目的。符合教学目标选择的内容，体育教材是相对稳定，体育教学内容是灵活多变的，体育教材是体育教学内容的反映，体育教学内容体现体育教材，但体育教学内容是体育教材的再加工和处理，更为丰富，所以体育教材是体育教学内容选择的一部分。它们既相互联系也有所区别。

# 第四节　体育教育与人格魅力的塑造

## 一、体育教育对健全学生人格的重要作用

### （一）体育人格与人格体育的正迁移

体育人格和人格体育有相互促进的作用。体育人格指人们在从事体育项目的时候所表现出来的言行举止、精神面貌和意志品质等好多方面，体育人格展现给社会的是道德品质的体现，是人内心最真实的东西。人格体育指人们参加体育活动，锻炼自己的身体能力，增强自己的坚强意志，从而尊重他人。体育锻炼可以激发人积极向上的斗志，让人们认识真正的自己，帮助人们勇于面对生活的困境，通过这两者的相互融合，进而转化为强大的人格力量。

### （二）促使学生个性全面发展

个性化这个词是中性词，可以往好的方向发展，也可以往坏的方向发展，我们所处的环境或多或少会影响个人的性格，可以鼓励学生们经常参与体育运动，增加运动量，既可以团结同学，又可以愉悦身心，还能激发学生的个人潜力，充分发挥个性化，增强创造力，做一个全方面发展的人才。

### （三）体育文化具有教育功能

体育文化具有教育的功能，体育教育是每个学生都要经历的教育，体育教育之前虽然不占据主导的地位，但现在学校越来越重视体育的教育，它可以让学生们的人格发生蜕变，学生会用体育文化的眼光评价事物，以至于形成自己的体育文化价值观。

## 二、体育教育对大学生健全人格的影响

### （一）人格的基本含义

人格这个定义是比较宽泛的，一开始它被应用于人的表象认知，后来就逐渐演化成比较细腻的人物品质。当今社会，人格被应用于好多学科之中，是这个学、那个学的代名词，从心理学的角度看，人格形成的本质通常是个性的形成，每个人都有自己的个性，它是在人生阅历中慢慢形成的心理特征，这其中又包含了人的需求、能力、欲望、感受等。在法律层面来讲，人格是作为人所拥有的权利和义务的体现，它包含了人物特性的全部，是人整体思想的体现，人格包含了人的行为，还包含了人的内在精神即人的品质。

### （二）体育教育对人格形成的影响过程

人格形成发展的基本过程是人类智力、心理以及体质等因素之间互相促进与共同作用的过程，人格形成发展的基础在于拥有健康的体质。一个有着强健体魄的人比身体虚弱的人更易发展健全人格，怯懦、拖拉、急躁以及懒惰等人格发展过程中的出现的缺陷与不坚持体育锻炼有直接的关联。阿德勒（奥地利著名心理学家）曾说过：形成人格必须至少由下面三个因素起到推动作用，即实践因素、机体因素以及社会因素。其中，可能性是由机体因素所提供，而引诱力是由社会因素所带来的，最后，个人的实践活动将以上两点相结合，让之前的可能性变化成现实性。

人格发展的历程是与人社会化进程无法分开的。人的社会化发展是角色学

习、价值获得与内化统一的过程。我们常常在体育教育中能够明显地感受到此过程的存在，体育课程是完成体育教育的主要方式，与其他学科不同的是，体育课程教学可以伴随着学生身体的操练所活动，在这整个的学习过程中，学生的大脑会产生极为强烈的兴奋灶，同时产生与之相关的代谢反应与适应性运动，在运动的同时必须对心态进行及时的调整，使注意力得以集中，让学生的体力与智力、心理与生理共同参与到运动当中来，从而形成新的环境适度，为此，体育教育对人格形成具有一定的影响力。

## 三、基于体育教育视角的大学生人格塑造

### （一）创新体育教学方法和手段

教师应当选择科学合理的教学方法，才能够激发学生的体育学习兴趣，应当紧密抓住体育教育自身特有的价值与内涵，设计多元化的教学方法，进一步优化课堂教学内容。在体育教学过程中，可以采用小组合作或者是竞赛等方式，充分运用体育运动中的内在精华感染并鼓舞学生，使学生在合作与竞争中健全人格。

### （二）营造愉快、轻松的学习环境

体育运动具有很强的娱乐性功能，教师给学生们上体育课的时候要把这种快乐思想全部带给学生们，让学生们充分感受到教师的热情，从而调动学生的积极性和参与程度，让学生们体验体育教学带来的快乐感受，这样可以改变学生对体育课程的固有观念。体育教学还应该进行创新教学，可以借助室外的空地、道具把体育教学巧妙地结合，教师要和学生一起体验多样性教学、游戏化教学，这样才能使大学生更加热爱体育这门学科，主动去感受体育的独特魅力。

### （三）强调学生价值观与人生观的教育

价值观与人生观是一个独立个体对社会与自然认识的重要观点，同时，它们也是控制以及调节个体行为的基本标准。体育活动也是一项对抗性的运动，它除了属于战术与技术的对抗外，还是心理、身体与知识的对抗。在体育运动中可以帮助学生学会观察问题、分析问题并且找到相关的规律；懂得只有凭借智慧技巧、自身实力、真才实学才能真正将对手打败，取得最终的胜利；学会在文明健康的竞争与比赛中追求体育运动的价值与真义，感受体育运动的乐趣，并且追求身心的自我升华与超越。

### （四）培养学生自主、自立与自强的精神

体育教学中不论是集体项目还是个人项目都需要学生具有一定的主观能动性，鼓励学生全身心的投入，积极参与到运动中，学生在体育学习中必须懂得如何判断观察，在必要的情况下做出正确的选择，懂得如何应付赛场变化，最终培养学生解决、分析问题的基本能力。就大学生这一年龄阶段的学生来说，通常会表现出相应的表现欲与好胜心，而体育课堂正好可以为这些学生提供一个展示自我的机会，学生在运动规则中表现自己的优势，发挥其特长，使自己的个性得以展示出来，培养人格独立性与自主精神，用其自身的智慧、素质、技巧与特点撰写华丽的人生篇章。

体育运动充满竞赛的乐趣，这也使得学生更加乐意参与到体育竞争中去，学生可以通过自身具备的能力以及胜负心来鼓舞、激发斗志，当取得胜利时，其自信心也会有所提升，从而激发学生的斗争勇气。而当面对失败时，学生受挫能力也得到了锻炼，这种力量也将推动他们更加积极向上。体育竞赛除了是体力上的竞争外，同时还是智力上的竞争，为此，这在一定程度上能够培养高校学生的应变能力、受挫能力、创造能力以及竞争能力。

# 第二章 校园体育教育改革的思考

校园体育教育作为推进校园教学质量和提高学生素质的一个重要方面，随着我国教育领域的不断优化及完善，校园体育教育也随之发生了很大的改革与转变，就目前我国校园体育教学的现状来看，还存在着许多不尽人意的问题。本章分为体育教育的现状与问题、体育教育的发展前景思考两部分。主要内容包括：体育教育的现状、体育教育中存在的问题、体育教育改革的社会原因、体育教育改革发展的策略等方面。

## 第一节 体育教育的现状与问题

### 一、体育教育的现状分析

我国的校园体育教育由始至今，一直是吸收各方所长而且随着越来越多更出色的教学方法和技术手段的出现，随其逐渐融入体育教育教学理念中，使我国的体育教育不断创新。但是，实际中的教学效果相比理想中体育教育成果显得尤为一般。目前大部分学生毕业之后身体处于"亚健康"状态，不会坚持有规律的健身运动，在造成这种结果的诸多因素中，校园体育教育中出现的问题是不容忽视的，解决我国校园体育当前存在的情况以及出现的各种问题刻不容缓。

近年来，越来越多的专家学者也投身钻研校园体育教育这个重点问题当中，这是体育教育领域的关键所在，提出的众多关于校园体育改革的思想和计划在经过更深入的研究讨论并进行实践后，发现这些计划并不完善，在体育教育上所达到的效果远远不如预期所想。所以必须通过对我国校园体育教育现状进行深入研究才能找到适合应用于当下体育教育的优质方案。

当前国内外存在的教育形式有：传统守旧的体育教育、基于学生体育的体育教育、基于竞技体育的体育教育、快乐体育教育、基于个性特征的体育教育、基于传统项目的体育教育、基于发展能力的体育教育、注重体能的体育教育、基于终身教育的俱乐部体育教学等。

如此看来，我国现在体育教育绝大部分比较传统。走、跑、跳、投等基础运动是此模式最主要的教学内容，仅仅是达到了教育教学的统一性却忽略了学生学习的全面需求。当前校园体育教师大部分是体育院系、师范院校、专业队培养的，大致包括教学型、运动型、研究型三种不同类型，他们都具有自己鲜明的特点和优势，需要对他们进行不断培养，逐步完成教学型向教学科研型、运动型向学者型、研究型向全面发展的方向过渡，从而完成校园体育课程的师资队伍、学历结构、学术水平、运动水平、裁判水平、教学能力等全面提高。这便是体育教育进行改革的起点，但是就目前改革的成果来说效果并不理想，没有推动改革兴起的大浪潮。

当前随着体育教育在校园教育中越来越重要，对教育的要求也随之越来越高，因此，校园体育不再仅仅是学生提高个人体质的一种方法，更是全面素质教育展开的一项重要内容，从而能够促使学生实现全面综合发展。

## 二、体育教育存在的问题

我国长此以往传统的教育模式为我国体育教育带来了很大的帮助，对以往青少年人才的身心健康发展十分有利，但随着时代变迁和社会的进步，目前传统的体育教育模式在当前我国新型人才的需要面前显得尤为不足，难以适应新时期校园体育教学目标要求。故而通过对校园体育教育问题深刻剖析，了解其中的问题所在为我国体育教育改革扫清道路，找寻卓越的发展之路。

### （一）教学方式单一

当前学生们在体育课堂上大多是进行跑步、跳远等基础项目而没有再增添新的适合学生不同年龄的其他项目，而这些学生在小学、初中、高中阶段一直都是接触学习这些项目，早已没有了新鲜感，这种体育的教育教学方式无聊枯燥、陈旧单一严重忽略了体育课程设立的根本所在。这些内容反而会让学生们对体育丧失兴趣，今后更难以坚持终身体育、健康体育的理念。

而作为教师，必须积极配合学校工作部署的展开，为了让学生在体育学习中建立优秀的习惯和正确的体育观念，就必须对学生们的个人兴趣及时了解并不断进行丰富完善学生课程内容。

## （二）对考评的认识不足

教育教学中通过对学生阶段性学习内容进行考核评分，让教师来及时了解学生学习成果，考评也是对教师教学效果的客观检验，这在教育教学中是十分必要的。

考评时大多数都是全班级中不论高矮胖瘦全部集中一起进行一个标准的考评，就像每人一个馒头，有人吃不了有人却吃不饱。如某校园 1.8 米与 1.5 米高的男生，同在一个班内，上跳高课按进度教学完毕，统一一个考试标准，1.8 米高的同学也勿需作许多练习却能考得满分，而 1.5 米高的同学再怎么练，连及格也捞不到，这严重违反"区别对待"教学原则的，应该按照每个学生不同的实际情况分批次从不同起点教学才是科学合理的。

但是，由于体育教学考评的每位老师的不同特点，对考评的重视程度不一，对考评的实质根本认识的不同，给校园体育整体教育教学的发展带来了很大的障碍。教师是体育学习的引领者，所以规范教师的教学态度尤为重要。

## （三）体育实践科学性不足

在体育教学中往往实践的比重较大，而多媒体网络教学平台的局限导致实践内容较难展开，理论知识和运动技巧的学习往往难以在第一时间得到有效地锻炼。导致两者之间存在一定的断层，对于运动效果和多媒体教学的效果都会有所影响。学生对于体育学习的兴趣也被削弱，难以专心投入体育课程的学习中去，此外，在教学过程中，枯燥的体育教学理论知识不容易引起学生兴趣。因此，在运用多媒体教学的过程中教师应当关注到这一问题，并制定相应的解决方案。

## （四）对学生的主体性认识不足

在教学过程中，一共有两个方面可以展现学生的主导性：一方面，学生对于体育教学的实际需求和要求给教学活动提供了方向；另一方面，在教学过程中，学生的主动性和独立性得以提升。

一直以来，我们都在提倡教育方式的转变，强化素质教育的主导性，弱化应试教育，但是这种理念一直都是纸上谈兵，并没有切实地贯彻到教学实际中，导致校园教学出现缺乏对学生主体性的认知。从理论层面来看，教育理念没有更新，一直都是守旧、缺乏创新性的教学方法，着重培养学生的专业性知识，带给学生的也是对知识的被动接受，而没有注意让学生在身体素质、健康人格等各方面的全面发展；从运动层面来看，尽管一些学校对教学模式进行了革新，开展了小群体教学、俱乐部等方式，试图对教学方法进行修正，但是碍于思想保守，对教学本质、教学内容和教学需要的了解不透彻，使得这种形式只停留在表面化，一些学校甚至片面追求体育达标，要求学生意志支撑而失去了提高学生身体素质和运动能力的本质的初衷目的，并没有深入地贯彻"学生主导地位"的实施。体育教育以终身体育、健康体育为教学目标，着重培养的高素质人才要求学员能力与文化兼备，注重教学方法的多元化，提高学生的参与度，目的就是将"自主体育能力"与学生个人兴趣爱好更好地融合在一起。

### （五）课程结构与内容安排的缺陷

大多数校园在教学结构方面没有对不同年龄学生的身心特点、所展现出的学习特点的不同加以衡量，没有注重课内和课外活动的有效结合，不注重学生体育意识的培养，没有做好教学和运动教学的平衡工作，致使学生出现对体育理解的不完整、不明确，通过对学生进行体育方面的兴趣引导进而激发学生的学习热情，而不仅仅是为了让学生进行体育锻炼，这给终身体育和健康体育的贯彻和开展带来了消极的影响，阻碍教学工作顺利开展。

### （六）缺乏对个体学生的针对性教学

高校的体育课程培养模式主要存在的问题在于忽略了个性化训练，不同身体素质、体育动作的理解和实践能力以及学习创新能力都各有偏差，传统的授课模式无法保证每一位学生对于体育教学中的关于运动动作和技巧的训练都能够很好完成，有的动作对于初学者的同学来说难度很大，甚至导致有的同学会排斥和讨厌体育运动，对体育教育教学的课堂参与程度低。

### （七）对创造良好积极的教学环境认识不足

一些校园受传统教学模式的影响，在体育教育教学中仍然是把"教"的合理性、合法性和"学习"的有序性、统一性等作为重中之重。尽管这种教学方式严谨、规范，但也使得体育教学变得非常形式化，学生们也都是为了完成学习要求而去展开的活动锻炼，压根没能从根本上理解学习体育的意义，很容易造成学生在上课过程中一定程度上紧张的氛围。

当今时代，校园体育教育教学工作注重人的社会属性和自然属性两大层面。但是，一直以来，我们一直都在主张体育隶属于教育，体育的作用就是增强体质，教育性和国家性是体育的根本属性，而在校园体育教育中更多的是关注人的社会性，对体育的社会功能和政治功能更加强调。这种理解的不全面性，必

然造成对人的自然属性的忽略，导致校园对创造良好积极的教学环境认识严重不足这种结果不可避免。故而，营造积极、健康、向上的教学环境与学习氛围，是教学改革中应该重点关注的。

### （八）对体育教学结合课后体育需要的认识不足

新时代校园体育改革不仅为校园体育教学指引了方向，而且要求校园重视传统教学方式方法。尽管目前出现很多新的教育模式，体育项目的种类也日益丰富，调动了学生参加体育运动的积极性和热情，单一地凭借这措施很难确保课后体育行为乃至终身体育行为的开展。培养运动兴趣、提升运动技能，只能在某一层面满足终身体育的需求，还要以此为基础，强化身体技能、运动规律、动手效果的了解和认知，掌握对身体的自我分析、自我调整的能力。只有这样，才能真正把体育教育的实际需要与高等体育教育的实际需要结合起来，才能保证新时代校园体育的价值。

总体来说，由于长期以来各方面认识上的不到位，校园体育组织不健全是一个普遍存在的现状，导致学校体育工作无序运转。只有建立以校领导为核心、院系及有关部门参加的体育领导机构，统一领导和规划学校体育工作，构筑办事高效、运转协调，行为规范的体育工作管理模式，才能杜绝在体育工作上推诿扯皮的现象，保证各项工作有条不紊地顺利进行。

# 第二节　体育教育的发展前景思考

## 一、体育教育改革的双层因素

### （一）体育双创人才培养层面

由李克强同志提出"大众创业，万众创新"，近些年来，这个决策在社会各界都受到了积极响应，而这个名词已经通过社会各方媒体的快速传播渗透到了社会每一个领域之中[1]。

### 1. 难以充分利用实践基地

[1]　李丽娜. 互联网背景下的大学生创业基础与实践指导 [M]. 北京：新华出版社，2017.

很多学校的实践基地是学校与学校外面的企业事业单位合作成立起来的，在学生培养计划中，不能做到因材施教、发展个性的原则，被分配到实习岗位是绝大部分学生的命运，而实习岗位大多都是一些中小学学校，实际上学生对于实践的需求是多种多样的，而现有的实践岗位难以满足学生的需求。对于很多高校而言，他们虽成立了自己的创新创业中心，但是其管理部门大多都是教师或者学生管理部门进行负责，没有设立专门的管理机构，平时一些参加活动组织较少学生对其了解甚微，导致创新创业中心的作用难以发挥至最大。在学生方面看来，需要通过系统理论知识以及实践相结合的方法来提升学生个人创新创业的思维，对其培养更要学术、素养与实践经验的积极结合，才能培养出合格优秀的人才。

### 2. 创新创业教育重视度较低

在校园内教育教学来看，随着关于人才就业创业政策逐渐推广实施，这项政策的重要性也被校园体育深深意识到；但从学生方面分析看来，绝大多数的体育学生认为校园对于这方面的重视程度偏低，并不了解有关自己所在专业领域的创新创业，更没有勇气去尝试。体育类人才缺乏市场运营以及社会服务经验，哪怕是具有一技之长，也很难在创业就业中顺利进行。

如今，绝大部分的体育教育中主要分为了应付考试的通识知识类课程和个人专业技能方面的专业培养课程等，这样培育出的学生虽然有相关的知识积累和技术特长，但也存在难以及时跟上社会市场日新月异的变化发展需要的弊端。在社会方面分析看来，文化课程的学习成绩相对于学生的个人生存发展技能在校园教育中更受重视，这样一来，所培育出的学生只追求高分，却忽略了个人综合素质的提高。在校园教育教学过程中对于学生系统性的职业规划、职业素养培育、职场实践以及就业指导方面严重缺乏，导致学生所学课程与社会实践严重脱节，难以应用到社会实际生活工作当中，对学生将来的就业造成很大影响。

### 3. 学生的创新创业意识淡薄

校园中体育方面的人才对于创业兴趣很大，主要是由于大多数人认为通过创业可以实现个人经济自由、时间自由并且可以将个人的自我价值快速发挥到最大，但是在个人创业的方向上，他们的思想仅仅局限在体育培训上，这也恰恰表明了体育方面的人才拥有很强的创业精神，但由于学生个人创新创业的意识比较浅薄，导致他们难以将个人实践参与其中。

4. 师资队伍不具备理论与实践结合的经验技能

教育师资队伍在创新创业体系内占有非常重要的一席之地，是一个非常重要的因素，优秀的师资队伍可以充分发挥学生的个人能动性，但是目前的师资却难以带动学生积极发展，是一大短板的存在。当前校园内部的师资，偏理论型的教师占据了绝大部分，他们专业能力的评判标准是科研项目，所以他们会花费大量时间用于做课题研究项目，忽略了个人在相关专业方面的实践经验，故而教师本人都是脱离了实践市场经验更何谈可以充分带领学生在学好理论的同时积极参与实战当中呢？

而在校园当中的体育师资是以术科和主攻科研为主要队伍，学校内外的关联互动更加少之又少，对于当今学生创新创业而言，教师个人的知识技能体系难以满足其需求，体育行业不是一项单独的技能训练，而是一个需要积极与其他行业紧密联系沟通的行业，对于教师而言，不仅仅要理论扎实更要实战经验丰富。

## （二）大学生自身素质层面

通过对目前校园体育教育现状的分析，发现校园体育组织体系、师资结构、课程设置等方面存有弊端，由此传统的体育教学模培养出的高质量体育人才就变得更加困难，将直接影响到学校人才的培养质量，学生身体素质、健康现状令人担忧。

毛泽东同志在20世纪50年代初，提出了"发展体育运动，增强人民体质"，通过12个字指导我国的体育建设工作，到如今在体育行业已经发展了半个世纪，并且取得了很大的成果，通过积极响应，大批德智体全面发展的综合人才被培育出来，为我国这几十年的建设事业做出了巨大贡献，这是有目共睹，不可否认的。

随着人类社会的发展和科技的进步，"健康"亦提到人类生存与发展的首要地位．也由于以下三大原因使我国学校体育教育宗旨（指导思想）由"增强体质"转变为"健康第一"成为当务之急。

①中、日青少年儿童体质健康调研资料对比表明：我国青少年、儿童体质状况（心血管系统功能、肺活量及体能测试）普通低于日本，仅就形态指标的身高而言，我国比日本男女学生平均值差1.8厘米。

②我国体重超标肥胖者，尤其肥胖儿童不断增多。

③我国在校大、中、小学学生心理障碍和心理疾病发病率是世界高发国之

一，像学生自杀、跳楼、上吊、割腕与攻击性他杀以及精神病患者呈逐年上升趋势。

故此，党和国家将属于纯生理的尚处于低级范畴的"增强体质"升华至较高层次的"健康第一"身心健康是有着较高价值取向和显著意义的，也是源于走向国际和培养现代人的需要。

校园肩负着培养人才、发展科技、弘扬文化的历史重任，其根本任务是培养高质量的人才、出成果。人决定着社会的发展和未来。因此决定了以培养人才为目的的校园教育在社会发展中的重要地位。培养全面发展的人，是我国对人才培养质量的基本定位。学校作为人才培养的工厂，学生没有德育可能出危险品，没有智育可能出次品，没有体育可能出废品，在学校教育中体育占据重要地位，更是一项必不可少的重要课程，故而，通过不断改革使得校园体育越来越完善才能培育出全面发展的人才。

由于历史原因，导致我国经济发展迟缓，造成我国校园体育非常落后，曾导致国民体质普遍弱化，被外国人贬称为"东亚病夫"。而如今现代社会高度发展，生活节奏快，高度现代化的生产方式、飞速发达的交通工具、广泛普及的通信手段、办公自动化信息资源无限扩充，使得人们已经脱离了纯人力劳动的苦海，而快节奏、高压力的生活也诱发了很多的弊端。校园学生的健康状况也不容乐观，全国学生体质检测显示：在高等学校近视眼、肥胖型学生的数量呈上升趋势，学生运动能力下降，力量、耐力素质滑坡；学习压力、不良生活方式和习惯诱发慢性病。

"健康的体魄是青少年为祖国和人民服务的基本前提，是中华民族旺盛生命力的体现。学校教育要树立健康第一的发展观念，切实加强体育工作。"在《中共中央、国务院关于深化教育改革全面推进素质教育的决定》中明确指出。树立"以人为本，健康第一"的教育理念是加强体育工作的必要前提。校园体育教育要坚持体育面向全体学生，以科研为先导，以教学为中心，以群体为基础，以竞赛为杠杆，尤其把增强全体学生的身体素质与健康水平作为目标，把参与监督、诊断与评定有机结合起来，对现有管理模式和运行机制进行改革，把教学、群体、竞赛、代表队训练和校园体育文化融为一体，构筑校园课内外一体化的体育教育管理模式和运行机制。

为贯彻学校以人为本，"健康第一"的发展目标，培养和造就体魄健全的合格人才，当代校园迫切需要进行体育教育改革。

## 二、体育教育改革的思考

### （一）当今社会人才和体育的关系

体育，特别是"学校体育"这一亘古不变的终身事业也就必须适应人类社会发展和科学技术进步的需要，推出跨世纪的新思维、新理念、新观点、新方法、新体制乃至新成果的新模式，如果不这样，则根本无法体现"学校体育"在校园中多功能、全方位综合治理的效能。为此，也只能走改革创新之路，构建 21 世纪符合时代要求的培养现代人才的实用模式。

为了培育出符合时代要求的培养现代人才，我国"学校体育"推出五大举措的主要内容如下。

①一个中心：即以全面提高学生身心健康水平为中心。

②二个全：即第一面向全体学生；第二全面提高学生体能。

③三个配套：即体育教材要求文图并茂教材（课本）、音像教材（录音、录像带）、网页教材（光盘）三俱全。

④四个原则：即要体现改革（是一个国家发展的标志）、创新（是一个民族兴旺的灵魂）、科学（是人类社会发达的基石）、高效（是社会成员追求的目标）的四大原则。

⑤五个结合：即理论与实践相结合、需要与可能相结合、培养与指导相结合、监测与评价相结合、效益与发展相结合。

当今人类生活在 21 世纪，生活在一个和平而又美好的时代，就必须有综合素质高、科技水平高的现代人来建设管理当今社会，使之更加地兴旺发达，故而培育造就一个合格的现代人是我国政府工作中一项重要的大工程。

### （二）校园体育改革的方向转变

#### 1. 课程内容转向现代化

时代在发展，科技在进步，大批新鲜前沿的学科技能产生，为传统体育教育模式进行改造创新提供了有力支撑，校园体育教育充分加以学习利用产生了新的学科专业并构建了新的学科体系，体育教育在课程设置上是需要遵循课程内容与个人、社会及国家目标相一致使通过体育教育的学生能更好的融入社会并为国家做出贡献。

## 2. 体育教育转向终身化教育

体育教育终身化主要表现为传统学校体育课堂教育转变为不再局限于校园之内的教育，离开校园后依旧坚持体育。通过校园体育，让终身体育的意识深入人心，在时间上由校园时光扩延到人的一生，在人群上由学生带领社会上的千家万户。这不仅仅意味着将来任何人的人生中无时无刻不再接触体育，进行不断地学习健身，更意味着社会之中的每个人都参与体育改革的大工程之中，体育教育改革不仅仅是个人的责任更是全社会的义务，最终实现全社会终身体育，全民健身[2]。

## 3. 体育教学发展转向多目标

体育改革为校园体育教育带来前所未有的挑战的同时也带来了新的契机。当代社会着力注重提高学生的全面综合素质，注重学生个性的展现，培养学生不断探究创新的精神，注重提高每个学生的人文思想、道德素质、心理素质、身体素质。这就要求体育教学的目标由单一的体质目标、技能目标向多元化、多目标方向发展。通过对未来体育的不断设想研究，对校园体育教育的教学方式和培养目标进行不断调整与完善，将来培养出的人才一定是渊博知识与健康体魄并存的能更快适应社会的创新复合型人才。

## 4. 教学方法技能转向科学化

目前，随着体育教育的改革，关于体育的各方面知识快速的增长，并且更新速度越来越快，对校园体育教育教学也有了新的高要求，传统的体育教学模式已经不能满足于当前社会的需要，需要向更科学更现代化的教学模式进行转变。

## 三、体育教育改革发展的策略

树立以人为本，"健康第一"的教育理念是深化校园体育改革的前提，坚持将培养社会所需要的高素质人才作为教育的最终发展目标。为全面推进校园体育改革，领导重视是前提，师资水平是关键，场地设施是条件，经费支持是保障。在现阶段，由于学生体育基础不同，仍需基础体育与专项教学并存，学生的兴趣爱好与发展体能兼顾。在学校体育教育中，要贯彻以普及为主，积极提高的原则，合理配置资源，注意协调发展。学校将课余训练纳入体育课程统一管理，有利于体育教师集中精力做好教学和训练工作。体育专项教学照顾到

---

[2]　郭磊. 体育教育的新视野 [M]. 长春：吉林大学出版社，2015.

学生的兴趣，调动学生的积极性，将教师的专长充分发挥与学生的需求充分结合，由此对教师的要求更高更严格，提高师资水平任务艰巨。场地设施条件对学生"三自主"选课有着重要影响，因此学校增加经费投入，改善体育场地、设施条件刻不容缓。校园体育改革面临诸多困难，但只要加强领导，统筹规划，调动一切积极因素，就能推动体育改革向纵深发展。

## （一）教育理念的转变

指导教师在教育教学过程中如何引导学生们开展有效体育课程学习体育的基础理论支柱称之为教学理念，教师能够带领学生高效的学习体育课程内容就必须要有符合当前实际体育教育的教学理念作出指导。所以体育教育理念改革完善是做好校园体育改革工作的关键所在。首先转变理念进而才能指导教师教育教学实践。

体育不仅仅是运动技能或者单纯体育知识的传授，体育教育更是要求作为部分社会、人文科学、自然科学等知识内容场合，使得学生所获得的知识更加广阔，更加多元化。这里面需要特别注意的是需要培养学生学以致用的观念，给予并为学生创造动脑、观察、学习的机会，将体育为提高学生全面综合素质的多功能的作用发挥到极致，是每个教育者的责任与义务，以上体育教育和其他学科教育之间最大的区别之处，也是体育教育中得天独厚与生俱来的优势所在。

## （二）教师素质的提高

如今全面实施素质教育更加要遵循"以人为本"的教育理念，学校体育教育也在全方位的改革进程之中，这是体育教育改革的重要环节，在这改革过程当中，身处体育教育一线的体育教师是非常重要的一个环节，他们的作用相当关键，他们在体育教育中是知识与技能的直接传播者，影响着教学效率与教学质量，是推动整个体育教育改革中的主要推动力量。

体育教育的发展务必要将我国强大的科研队伍实力、先进的科研设备、深厚的科研潜力等各项优势充分发挥利用。政府及各相关部门要着重将从事体育科学教育实践人员与校园其他各个学科专家进行沟通交流合作作为重要任务对待。校园更要选择优秀合理的体育教育领头人，建立更先进的体育学术队伍。

大力推进师资队伍建设，培养和造就高水平的体育师资。现实的工作实践也对教师们提出了严峻的挑战，特别是各校选项课的实施，对他们的技术和才能也提出了更高要求。总书记对广大教师们抱有殷切的希望，希望教师们可以清楚地认识到自己肩头的使命和责任，努力为中国的教育事业乃至世界现代教育事业发展贡献自己最大的力量，为祖国培养出优秀出色的社会主义建设者和接班人。

①端正教师的教学理念，之所以教师的教学方法态度对学生的学习兴趣以及积极性影响较大，主要是因为教师是带领学生学习的领导者，故而在教学过程中教师需要根据学生们实际的学习情况而随时进行课堂内容的调整创新，来满足学生们学习的需求并能很好的激发学生学习体育的兴趣[3]。

②确立明确规范的教学制度，对教师的教学目标及任务提出要求，通过对教师课堂进行规范指导，以达到对学生体育学习进行有效的引导带领，从而有效地促进学生进行体育学习达到学生全面健康发展的学习目标。

③要想充分提高学生的学习兴趣，调动学生学习的积极性，提高学生们对体育学习的效率，充分发挥课堂作用，让学生理解掌握学习体育的意义是终身体育这一目标，就要求教师从学生角度出发发现问题并优化自己的教学过程，努力为学生的全面发展做好铺垫。

④提高对教师的要求，要求教师全面多元性文化结构，而不仅仅是体育教育教学专业知识，除此之外，还要求教师及时了解体育教育中学生的内心感受，确保每个学生健康良好个性及正确价值观的建立。学生对于体育学习的满意度及认可度主要取决于授课老师，故而对教师文化结构的要求要更多元化。通过对当今的教师进行在职培养进行提高，并通过送出去，请进来等多种措施，努力提升教学人员的师德修养和专业水平，以适应建设高水平校园的需要。

⑤教师除了以上要求，还要在自身道德品质上多加注意，在各方面全面提升自己，做一名全面型、创新型跟随时代发展的合格教师。

## （三）教材内容的完善

为了社会各个领域可以保持持续发展的目标，当今社会更需要综合全面性的人才。故而，体育教育作为素质教育的主要培养形式，自然就成了更重要的一环，体育教育教学内容改革完善以学生的体育知识水平、技能水平的全面提升为目标，要求本着根据学生对体育的理解以及课程内容的掌握程度、当今时代发展的特点及对当今体育人才方面的需求等来优化创新教学内容。通过体育教育教学的内容，教育的改革有力更直观地展现。具体如下。

---

[3] 吴洪. 高校体育教学存在的问题及对策 [J]. 当代体育科技，2017，7（12）：123+125.

①体育教材是传统体育教育模式下主体内容，而当今体育教育要求教学目标更应着重将学生的个人能力与未来需求的实际性相匹配，随着当今社会对人才的要求不断提高，体育教学的内容也应与实际相结合，添加进一些实用性较强符合社会需求的环节，目的就是让体育更接近现实生活，从而让学生在获得知识的同时，对体育激发更多的兴趣热情。

②体育教材应该本着教材与体育的联系，从而达到体育内容的拓展，引发学生在学习体育过程中有更多自己的理解，对体育也有更多的深思。而不是用"命令式与大锅饭式"的教学，在整个体育教学过程中学生根本接收不到任何关于大纲、计划以及教材进度。

③教材多样化。除了上必要文化课程之外，体育要求教师更加注重学生的兴趣爱好，通过增加一些选修类型的科目，让学生依照自己个人喜好选择感兴趣的科目进行学习深造，兴趣是最好的老师，通过这种方法可以极大提高学生对学习体育的积极性，学习效率也会得到很大提升。丰富体育学习的多样化可以使得课程中的学习氛围更加轻松愉悦，在根本上解决学生兴趣不大的难题，积极参与到课堂中。

④教材娱乐化，在教材中增加一些训练的案例、评价等内容，在学生学习的过程中激发其兴趣的同时也令其知识更加完善，教师在今后的教学中也更加得心应手。

⑤注重学生终身体育意识的培养，促使学生终身体育习惯的养成，为学生之后的健康成长与全面发展提供一定的基础。

## （四）课堂教学观的转变

在目前体育课堂中存在的问题如果不进行改善，将会严重影响到体育教学的课堂质量。

①教学的内容较多，课时少，这种情况下教师压缩教学过程不得不时有发生，课程目标任务得不到有效地展开，导致学生的体育学习也徒有形式，达不到要求的课程效果。故而对于体育教学观念应自上而下进行调整重视起来，在各方面给予有力的支持确保课程的顺利有效地进行。

②在传统的体育教学模式中，教学方式过于枯燥，老师教，学生被迫模仿学习，大多数情况下就是让学生身体上参与一下，这种方式显然难以满足当前社会的需求，其结果就是学生的学习兴趣提高不起来，甚至是对体育产生厌恶，出现学生游戏课堂，不重视教学的现象。当前社会要求教师与学生相结合，打

破强迫灌输和不得不接受的模式，提高体育课堂的氛围，让学生在心底接受体育、学习体育。

### （五）考评体系的完善

根据纲要对学生进行评价时，应该淡化甄别功能、选拔功能，强化激励和发展功能的要求，更加注重教学过程，使教学评定更具科学性，把平时上课表现、理论知识考试、身体素质、专项技术、运动能力、实战应用统筹考虑，进行量化评定。教师只提供原始数据，整个评判过程由计算机完成，做到项目虽有不同，学生个体评价客观公正，增加评判的科学性、统一性，避免随意性，调动学生参与体育的积极性。

### （六）体育文化氛围的打造

实施素质教育的过程中，体育教育是一项重要内容，体育对于校园精神文化建设也是一个非常有效的手段。校园体育教育要将课上与课下相结合，坚持把群体工作纳入统一管理，统筹制定活动方案，课内是先导，课外是继续，把体育课上所学的理论知识、方法、手段通过课外实践来强化应用。我校坚持做到体育部与学生处、团委、学生会通力合作，建立院系、班级、群体管理网络，创建体育网页，搭建信息平台，场馆逐步实现数字化管理，通过单项协会、体育俱乐部等多种形式逐步形成既有纵向衔接，又有横向联系的、彼此协调配合的管理网络，一切活动由教师指导，学生主导，体育部提供场地器材保证，做到大型比赛制度化，小型比赛多样化，努力提升校园的体育文化氛围，使学生在组织竞赛的活动中得到锻炼、孕育精神，提升能力。

### （七）教育模式的创新

体育教师在教授基础理论知识过程当中，可以采用提问教学法或者学生分组讨论法等各种教学方法相结合的方式，让学生积极参与课堂当中，通过讨论学习对于体育学习过程中的问题学生会进行深入挖掘探究，归纳总结，同时也增加了课堂趣味性，学生的自由学习以及同学之间互动沟通交流的空间也有了更多的机会，这对学生思维创新以及学习自主能力的提升起着非常重要的作用。故而体育教学模式需要体育老师来不断地思考创新并实践，充分发挥启发式教学的优势。具体包括以下几个方面[4]。

[4] 王捷. 我国高校体育教学的改革现状与策略研究[J]. 当代体育科技, 2019, 9(21): 108-109.

1. 激发学生的成就动机

在体育教学过程中，体育教师可以引导学生根据自己的具体情况来获得学习的动力，利用科学的方法提高学生们学习的效率。而且每个学生都存在不同的差异，在学习过程中他们的心理与行为方面都可以体现出每个人当时的学习现状，一些学习动力足的学生在体育活动当中，他们的积极性参与性更高，同时个人的坚强品质与执着精神也得以体现，愿意付出更多的努力与汗水来完成体育学习任务。

2. 培养学生自我效能感

体育老师在教学过程当中，要充分认识自己的学生，充分尊重和保护学生的自尊心是必要的，当学生遇到挫折与挑战时，积极进行正确的指引与鼓励，适当可以给予一些良好的建议；同时当学生出现错误时，不要对其进行否定批判，而是应当进行耐心指导，找出问题所在，对于学生平时的努力以及执着精神表示肯定赞同，从而让学生的学习积极性以及主动性得到进一步提升，学生的创造力也在此过程中得到发展。

## （八）重视供给侧改革

对于校园而言，加大力度和投入来完善校园体育教学的硬件设施与软件设施，并引导全体体育教师以及学生将现有的设施充分利用起来，让现有资源的优势发挥它最大的功效，为校园体育活动提供足够的物质基础满足各类活动的顺利展开，从而最大限度地激发学生对于体育项目的兴趣爱好，提高学生体育锻炼的积极性，并帮助学生在体育锻炼的过程中逐渐形成终身体育意识，满足全面育人的需要。

# 四、体育教育的发展前景

## （一）体育教育发展前景的动因

"国运兴衰，系于教育，教育振兴，全民有责"这简短 16 个字精辟地道出教育为立国之本，也充分强调了国民素质的高低直接关系到国家民族的盛衰。21 世纪我国"学校体育"教育宗旨（指导思想）已由"增强体质"转变为"健康第一"是基于与国际接轨的需要。

1. 体育教育具有很大市场

首先，我国非常重视教育，把科教兴国作为国策，大力发展体育教育产业符合国家政策导向。近年来，国家大力发展体育产业，各省市先后出台了关于发展体育产业的意见，体育产业逐渐成为拉动我国经济增长的新动力。所以说，我国体育教育市场发展的一个很重要的特点，就是具有利好的政策背景和环境。

2. 学校体育内容的一体化

强调从面向健康生活、学生终身受益的角度设计学校体育内容，确立"终身体育项目"的概念。从理论上来说，如果能确定"终身体育项目"，这对学校体育内容的选择与教学，对终身体育能力与习惯的培养，都会有好处。

总之，学校体育运动训练的发展必将与我国体育事业形成有机而紧密的结合，充分发挥其科技潜能，为更多地培养攀登世界高峰的人才，显示出其特有的优势占据更为重要的地位，为国家体育发展，发挥出更加重大的推动作用。

3. 体育教育市场潜在需求非常大

体育在人们的生活中扮演的角色越来越重要，无论是体育人还是非体育人对体育的需求越来越多，如庞大数量的体育工作者需要适时和及时更新体育知识，数量爆发式增长的非体育人士参加体育锻炼需要学习和指导等。

## （二）体育现代远程教育崛起

1. 体育现代远程教育的概念

现代远程教育，是一种不同于常规学校面对面的教育，而是借助先进的信息、技术和网络技术营造具有便于跨时空交流、互动、共享信息的开放、灵活的、平等的无中心网状的环境来实现的新型教育教学模式。通过对网络工具所具有的易于跨时空沟通、互动、共享信息的开放、平等、无中心网状环境来实现的一种全新的体育教育方式方法、理念和组织形式。

2. 体育现代远程教育市场环境

### （1）教育资源方面

①高等教育资源和基础教育资源配置不均衡。基础教育阶段占有政府经费分配比重越大，则经费分配越趋于公平，也就越有利于保证教育机会的公平。然而，长期以来，我国教育资源配置本末倒置，造成头重脚轻、头大体小的畸形状况。各级教育资源分配极不合理，基础教育涉及面广，公共产品属性强，却没有得到国家相应的高投入；高等教育属于相对少数群体的"精英教育"，但却得到国家在教育经费方面的较高投入。

②重点学校和普通学校之间教育资源配置不均衡。我国长期以来实施对某些学校优先发展的措施，即使是在同一地区，地方政府为了"抓重点、增政绩"财政一直热衷于示范学校、重点学校的建设和投入，忽视普通学校的建设和经费的投入。正是因为这种有限的教育资源得不到合理配置，以致同一地区的学校之间教育发展不平衡。同时，重点、示范学校不仅在教育投入上享有优先分配权，而且在生源、信息等方面也占有优势。这种"优势"已经严重违背了公平的起点和过程的机会、权利均等的原则，也违背了自古以来倡导的"有教无类"的教育理念。

教育资源分配不均衡给国家和社会造成的影响是不言而喻的。它不同于其他方面的资源分配不公平所产生的影响，诸如收入、公共资源只是物质方面的是及时的；而教育资源是知识文化层面的，它的影响虽是渐进的，但影响巨大而远。所以，对社会发展而言，解决教育资源分配均衡才是最根本的[5]。

### （2）劳动者方面

①劳动者整体能力和就业技能较低，提高职业技能培训意识薄弱。我国从不缺少劳动者，但目前劳动者整体能力和就业技能较低，且缺乏接受再教育培训提高职业技能的意识。我国劳动需求市场，真正缺少的是具有技术和高级技术等的技术性劳动人员，而且市场需求缺口很大，就目前就业形势看，几乎所有行业对技术性劳动者的需求都处于供不应求的状态。我国的技能型人才供求关系严重失衡，加剧了就业结构性矛盾。

②以高校毕业生为重点的是青年就业问题较为突出，高校教育制度和社会就业需求不相匹配。从古至今，我国的教育就是认为学校是培养高素质劳动者的摇篮，但如今时代变迁经济高速发展，用人单位对于劳动者的实践经验以及技术水平的要求越来越高，校园难以培养出满足其数量与质量双向要求的人才。因为高校教育培养制度陈旧落后，忽视与社会市场实际相结合，导致教育质量下降、招生指标以及专业设置混乱，培育出的人才难以适应市场需求，技能与社会就业需求不匹配，以致毕业生就业难的问题越来越大。

在劳动者方面看来，我国人口数量多，就业形势本就严峻，每年都有成千上万的人面临着优胜劣汰被下岗，重新找工作，由于就业岗位有限，不合适就被淘汰是社会的自然法则，学生的就业竞争压力非常大。作为劳动者，只有通过不断的学习与进步，提升自身的综合实力，充分发挥自己的特长优势，面对

[5] 刘廉明. 大学生职业生涯规划与就业指导 [M]. 厦门：厦门大学出版社，2016.

严峻的就业形势才不会被淹没在众多人群当中脱颖而出，不会被市场所淘汰。

那么作为已走出传统校园，走上社会的劳动者们，如何再接受教育培训，提升工作技术技能，增强就业竞争力呢？这使得网络远程教育成了这些劳动者的最佳的选择，同时如此庞大的市场需求无疑会给网络远程教育带来无限的市场商机。

3. 体育现代远程教育运营方式

体育远程教育市场运营模式是一个系统，由运营方式、管理模式、教学模式、技术模式等子系统构成。

①我国体育远程教育市场的运营方式主要有：学校独立运营、学校与企业合作运营、学校与电信、邮电或广电等部门合作运营、校校合作运营从现代远程教育整体发展情况出发，目前，我国体育远程教育主要是以校企合作办学的运营方式进行的。这种方式充分利用了学校和企业最大优势，为体育远程教育发展做出了很大贡献。

②我国体育现代远程教育作为现代远程教育的一部分，其快速发展依赖现代远程教育技术的发展。我国远程教育每个发展阶段其远程教育技术模式都有所不同。四代远程教育技术模式主要表现：函授教育是第一代远程教育技术模式、多媒体教学的远程教育是第二代远程教育技术模式、双向交互教学的远程教育是第三代远程教育技术模式、虚拟教学的远程教育是第四代远程教育技术模式。

③体育现代教育管理模式分为宏观管理模式和微观层面管理模式。在微观层面管理模式中包含这几类远程教育机构分为以下几种管理模式：远程教育学校、"学校—学习中心"管理模式、"学校—第三方—学习中心"管理模式。

4. 体育现代远程教育的发展趋势与前景展望

当今社会就业竞争愈演愈烈，越来越多的在职工作人员为了提高个人竞争优势不得不需要随时进行"充电"，但是其工作与学习最大的矛盾就是时间和空间问题，灵活便捷的网络远程教育解决了这些难题，满足了他们的需要，是他们最佳的选择方式。

现代远程教育是当今教育发展的必然选择，教育是人类发展的基石，强大的技术革命是基于教育的推动才得以启动，从而推动人类的文明进步和社会意识形态的更替。同时，科学技术的发展反过来也推进了教育事业的不断发展。科学技术的不断进步发展给教育带来了全新的知识传播方式，倒逼传统教育模

式向新的模式改革。

　　学校是体育教育的主体，这是毋庸置疑不可否认的，技术等后台方面的服务是由体育远程教育服务商所提供。将体育、教育、商业有效的结合在一起，互不干涉，各司其职，树立共同的目标。保证好各自的社会效益以及经济效益，"商业"不得干涉教学内容，做好自己服务的本职工作即可，在技术、管理、市场、运营方面充分发挥自己的优势，为学校教育工作提供一个无后顾之忧的大环境，做体育远程教育坚实的后盾。

# 第三章　校园体育教育理念的改革

体育课程是提升学生身体素质的关键性课程，也是各个学校都会设置的重要课程。我们都知道培养一个优秀的学生不光是看他的学习成绩，还要综合考虑他的德智体美劳的全面发展是否符合我国社会需要的全面人才。因此，我们应该转变传统的体育教学理念，响应新课改精神，实现创新教育。本章分为"健康第一"的教育理念、"以人为本"的教育理念、"终身体育"的教育理念三部分。主要内容包括"健康第一"教育理念的含义、"健康第一"教育理念的落实状况、落实"健康第一"教育理念的有效措施、树立"健康第一"教育理念的积极意义等方面。

## 第一节　"健康第一"的教育理念

### 一、"健康第一"教育理念的含义

#### （一）"健康第一"的含义

健康主要是指生命健康，包括身体健康和心理健康。身体健康就是拥有强健的体魄，无重大的生理疾病，身体各项机能可以正常运转，维持正常的活动。心理健康是指每个人作为个体和社会人，能够适应社会环境，具备自身的个性特征，可以与社会中的其他人进行良好的交流并且形成属于自己的社会关系。总的来说，身体健康和心理健康同等重要，树立"健康第一"的教育理念，要从这两方面一齐入手。健康第一，就是要把生命健康放在首要位置，一切的活动只有健康的人才能持续有效地进行。

## （二）教育理念的含义

教育理念，顾名思义，就是要在教育过程中采取的观念与理念，主要应用于学生，也是根据学生自身发展阶段的特征以及社会中总的价值取向所制定的。教育理念是指导教育行为的一个旗帜，一般由国家统一制定，是各级各类学校进行学生教育的理性指导。现如今我国的教育理念主要有：以人为本、全面发展、素质教育、创造性、主体性、个性化、开放性、多样性、生态和谐、系统性以及"健康第一"理念。教育理念随社会的发展而不断完善，目的是培育更加优秀的社会主义接班人，为我国的社会主义现代化建设储备优秀的后备资源。教育是一个国家发展的根基，在正确的教育理念指导下我国的教育事业才能蓬勃发展。

## 二、"健康第一"教育理念的落实状况

### （一）各地积极响应树立"健康第一"教育理念的号召

习总书记在2018年全国教育大会中指出，要树立"健康第一"的教育理念，开齐开足体育课，帮助学生在体育锻炼中享受乐趣、增强体质、健全人格、锤炼意志。要把人民的生命健康放在优先发展的战略位置。的确，少年强则国强，在教育中绝对不能忽视学生的健康。通过直接开展健康教育活动，可以起到宣传与引导的作用，引起广大教师和学生对自身健康的关注，为提升自身的生命健康做出更加积极的努力。2018年10月，《国家学生体质健康标准》测试抽测复核专家小组对长春市十一高中《国家学生体质健康标准》测试抽测复核。通过监督测试，可以有效督促学校将"健康第一"的教育理念切实转化为对学生有益的行动。

### （二）"健康第一"的教育理念需要进一步贯彻落实

虽然"健康第一"的教育理念在许多地方都受到了关注，但是，就如何开展"健康第一"的教育活动，如何切实有效地提高学生的身体素质等还需要各方进一步努力探索。然而，还有一些院校对于"健康第一"的教育理念并没有进一步落实到学生身上，这些院校仍然过于看重学生的成绩，用文化课挤占体育课，缩短学生的课余活动时间等。大量占用学生课外活动的时间会导致学生缺乏体育锻炼，长久而来会加剧学生的亚健康状态。我国人口中肥胖和近视的人不在少数，其中学生占了很大的比例。缺乏体育锻炼、饮食不规律是造成学生肥胖的重要原因，长期不去户外接触阳光和绿色植物也是导致学生近视高发的原因。因而各类院校不能顾此失彼，以学生的健康为代价去换取成绩，这与

我国以人为本的教育理念是相悖的，必须加以调整和改善。

## 三、落实"健康第一"教育理念的措施

### （一）坚持党对教育事业的绝对领导

中国共产党是无产阶级的先锋队，代表广大人民的根本利益，发展教育事业必须首先坚持党的领导[6]。"健康第一"的教育理念，符合广大人民对美好生活的根本需求，党中央提出并且重视这种教育理念，旨在造福国民。所以，必须贯彻落实这种教育理念，将理念落到实处，真正让学生享受到福利。对于那些只做面子工程的机构和学校，要及时发现并尽早做调整，争取让每位学生的健康都得到保障。发展教育事业，必须首先坚持党的领导，坚持党的领导下的正确方向，贯彻落实党的各项方针政策，更好地巩固作为国家之根基的教育。

### （二）提高教师对"健康第一"教育理念的重视

教师作为教育事业的先行者，他们自身教育观念的树立对教育有着至关重要的影响。"健康第一"的教育理念需要这些奋斗在教育一线的教师们内化于心，外化于物。在教育思想上，应让学生德智体美劳全面发展，杜绝唯分数、唯书本的教学理念；在教育方式上，平衡文化课和体育课、艺术课的关系，保证课程设置的合理性与多样性；在教育观上，坚持以人为本、因材施教，重视学生的身体健康和心理健康。不仅仅是教师，对于教师的后备资源，也就是各类师范院校的大学生，也要提早树立"健康第一"的教育理念。在大学中，可以专门开设"健康第一"教育理念的主题课程，提高大学生对健康问题的重视，不仅可以有益于学生自身，而且更有益于将来教育事业的发展。

### （三）加强家庭和学校的协调联动

树立"健康第一"的教育理念，需要家庭和学校的共同配合。对于家庭来说，孩子就是中心，总想把一切好东西都给予孩子，有时就会忽视了健康问题。许多家长都是在学生出现健康问题之后才开始意识到这一点。所以，从家庭开始就应该树立起"健康第一"的观念，定期带孩子去做体检，合理搭配饮食，督促孩子进行体育锻炼，培养孩子的良好习惯等。对于学校来说，要合理安排学校课程，开齐体育课，保证学生一定的课外活动时间，在诸如世界爱眼日等

---

[6]　杨艳春，付维. 提高党的执政能力探析 [J]. 江西科技师范大学学报，2013（01）：28-32.

关注健康的节日里，可以举行主题活动来提升学生的健康水平。同时，家庭和学校要加强联系，协调互动，为学生健康水平的提高共同做出努力。

### （四）提高学生自身关注健康的意识

青少年的生命健康对于国家的强盛至为重要，提高青少年的健康水平，需要从学生自身做起。国家、学校和家庭为提升学生的健康水平做出了很大的努力，最终需要学生自身提升健康意识。只有学生自身提升了健康意识，才能积极配合学校活动，加强身体锻炼。身体是自己的，必须要对自己负责，只有拥有强健的体魄才能去实现自己的梦想，为祖国做贡献。生命健康是每个人进行社会活动的基础，没有良好的健康，又何谈实现远大抱负。所以，学生要从自身做起，树立"健康第一"的理念，克服懒惰的情绪，改掉不健康的饮食习惯，学会调整自己的情绪，处理好自己的人际关系，提高身体健康和心理健康水平。

## 四、树立"健康第一"教育理念的积极意义

### （一）引起社会各界对健康问题的高度重视

"健康第一"的理念不仅在教育上要落实，而且也要引起每一位国民的重视。现如今，国家富强起来了，人民生活富足起来了，不但要求吃得饱，还要吃得好，吃得健康。生命健康越来越受到关注，将"健康第一"作为教育理念，可见国家对学生健康的重视。通过这种方式，会引起社会各界对健康的高度重视，每个人都把健康放在第一位，才能真正从总体上提高国民的健康素质。

### （二）促进学生的健康成长

理念是行动的先导，只有先有理念的支撑，行动才有方向。可以说，"健康第一"教育理念的设立，是提升学生健康的关键一步。设立"健康第一"的方针，才能为提升学生的生命健康制定有效措施，在措施实施的过程中，可以根据具体遇到的问题再提出更加切合实际的方案。由此，在"健康第一"教育理念的指导下，家庭、学校和社会各方都采取相应的措施，将"健康第一"落到实处，才能有效促进学生的健康成长。

### （三）有效提升素质教育水平

素质教育倡导德智体美劳的全面发展，现如今实施的教育，虽然较传统教育更加偏向"智"而忽视"劳"来说取得了进步，但是，对于加强学生的"体"与"劳"始终没有一个更好的实施办法，导致许多学校忽视了学生这两方面的

发展。而"健康第一"教育理念的提出，直接将学生的健康成长放在首要的位置，这样会弥补在教育发展中的不足，更加有效地促进素质教育的全面发展，从而提升素质教育的水平。

### （四）巩固了中国特色社会主义教育发展道路

"健康第一"教育理念的提出，不仅使中国特色社会主义教育的内涵得到了极大的丰富，而且也使中国特色社会主义的教育发展之路得到了有效巩固。按照当今社会的发展和人民群众的广泛需求，党和国家提出了"健康第一"的教育理念，是中国特色社会主义教育事业发展重要成果。尽管这一教育理念只有四个字，但为之所要付出的努力是不可估量的。这不仅仅是一个教育理念，更寄托了国民对生活的美好期许，彰显了中国特色社会主义教育事业的蓬勃发展[7]。

习近平同志曾指出，人民健康是民族昌盛和国家富强的重要标志。人民的生命健康是国家强盛的根基，而加强国民的健康关键是要树立"健康第一"的教育理念。"健康第一"的教育理念不仅仅需要各级各类学校以及家庭的贯彻落实，还需要社会各方的共同支持。一般来说，教育理念在不断地发展完善，而在当今时代，国民健康问题突出，实施"健康第一"的教育理念是时代发展的需求，也是中国特色社会主义教育发展道路的创新。"健康第一"教育理念的提出，意在切实提高学生的综合素质，为实现中华民族的伟大复兴培育优秀的后备力量。在"健康第一"教育理念的指导下，中国特色社会主义教育事业也会更加辉煌。

# 第二节 "以人为本"的教育理念

## 一、"以人为本"思想

### （一）"以人为本"的科学内涵

"以人为本"是科学发展观的核心，体现了中国共产党全心全意为人民服务的根本宗旨。"科学发展观"是由胡锦涛同志于 2003 年 10 月 14 日党的十六

---

[7] 刘复兴. 中国特色社会主义教育发展道路的几个基本问题 [J]. 教育研究，2014，35（07）：4-8.

届三中全会上首次提出，后来在党的十七次全国代表大会作为党的指导思想之一被写入党章。以"以人为本"为核心的科学发展观是以新时期国情世情为基础，把马克思主义理论与中国实践相结合而总结出的党的第三代领导集体的执政理念，这是对毛泽东思想、邓小平理论、"三个代表"重要思想等马克思主义执政理念的继承和发展。"以人为本"的提出对我们党发展执政理念、继承传统民本思想、提升中华民族文化软实力具有重要的理论意义，对于中国经济社会的发展具有重大的现实意义。

"人"在"以人为本"中指的是目标方法的统一，是主客体的统一。站在马克思主义唯物史观的立场上来看，"人"是指在社会中生活和活动着的现实的人。站在人权的主体立场来看，"人"指的是一个社会的所有成员或一个国家的所有公民，即所有人。这个"人"站在共产主义社会的立场来看也指所有人。在共产主义社会中，每个人都可以自由发展，人民已经实现了完全平等，剥削和阶级差异已经被消除，在这样的社会中，"以人为本"的"人"就是指一切人，所有人。

党的十八大报告中有145处提到"人民"，每一个词，都丈量着人民在共产党人心目中的沉甸甸分量；十八届中共中央政治局常委会见中外记者，习近平总书记一句"人民对美好生活的向往，就是我们的奋斗目标"，再次标注出党和人民牢不可破的血肉联系。

以人为本，是深入贯彻落实科学发展观的核心立场。面对党的十八大开启的新的伟大征程，迎接一系列重大机遇与挑战，唯有以人为本、执政为民，夙夜在公、勤勉工作，我们才能向历史、向人民交一份合格的答卷。

以人为本、执政为民，由党的性质、宗旨所决定。自诞生之日起，中国共产党就把人民利益镌刻在旗帜上，用鲜血、汗水和智慧赢得了人民的信赖，成为中国特色社会主义事业的领导核心。党的根基在人民，血脉在人民，力量在人民。

"人民，只有人民，才是创造世界历史的动力。"在漫长的历史进程中，中国人民依靠自己的勤劳、勇敢、智慧，开创了民族和睦共处的美好家园，培育了历久弥新的优秀文化。只有尊重人民首创精神，激发人民创造力，我们才能在通往中华民族伟大复兴、实现现代化的道路上跨越一座又一座山峰。

当代中国正经历着空前广泛的社会变革。如何不断顺应时代潮流，不断回应社会关切，坚决维护人民利益，化解"发展起来以后的问题"，这些都考验着党的执政能力，检验着党的领导水平。正基于此，十八大报告着意强调党的根本宗旨，明确提出"以人为本、执政为民是检验党的一切执政活动的最高标准"。

总之，"以人为本，就是要把人民的利益作为一切工作的出发点和落脚点，不断满足人们的多方面需求和促进人的全面发展。"首先，在坚持"以人为本"的发展中，使广大人民群众真正成为经济、社会发展的核心和主体力量。其次，我们站在价值取向角度必须重申解放人、尊重人、为了人和培养人，推崇人的价值，推崇人的个体品行、能力和区别，推崇人的平等和权利，实现人的全面发展。最后，要坚持并应用遵循规律的发展要求来分析、思考和解决在实践中发展的问题，满足人民群众的需求。

## （二）"以人为本"的历史渊源

随着历史不断向前推进，在马克思列宁主义、毛泽东思想、邓小平理论、"三个代表"重要思想、科学发展观、习近平新时代中国特色社会主义思想的指引下，我国的社会主义人本建设获得了巨大发展，取得了历史性进步。

从理论渊源来看，当代中国"以人为本"具有深厚的思想渊源和理论基础。可以说，中国传统文化中的人本思想、西方人学思想和马克思主义的人学理论是它多元的理论资源和思想渊源，其中马克思主义的科学人学理论是其核心和基础。

### 1. 中国传统民本思想

中国传统的民本思想，作为中国社会内部的优秀文化传统，是当代中国"以人为本"重要渊源之一。

在我国，将"以人为本"作为科学发展观的本质和核心，作为施政理念和方针，似乎是一个新的提法，但在中国丰富的传统文化资源中，很早就有"以人为本"的说法。通过历史考察，"以人为本"这个概念最早出于《管子·霸言》篇[8]。

春秋时期，齐国政治家管仲在《管子·霸言》中最早提出了"以人为本"的治国理念。它表达了中国传统的"民本"要义，并作为中国社会的正统理念一直延续下来，它的立足点是国家、君主、人民同属一体，对三者之间关系的深层辩证性和直接相关性有着深刻认识。因此，中国传统的"以人为本"其主旨已经转入"以民为本"，主要是一个政治学、伦理学中的概念，是一种民本

---

[8]　秦萍. 浅论音乐舞蹈对创新能力培养的作用 [J]. 湘潮（下半月）（理论），2008（03）：108.

思想和施政伦理。它在政治上表达的是君临天下、固国安邦的理想，其现实的目标是服务于"君王"和"国家"；在伦理上表达的是重视民本、关注民生的经验，追求的是一种社会等级观念和伦理秩序；它要求民众重视社会的等级伦理和道统，也要求君王和国家关注民众，保障民众利益。

（1）中国奴隶社会的人学理念

中国奴隶社会形成了重人事、轻鬼神的"人本"观念。在中国古代，先秦时期，道家和儒家都具有"天人合一"的思想，追求"天地与我并生，万物与我为一"的境界。

这与西方的人类学转向有着同样观照人的倾向，但道路和内涵却不一样；在道家和儒家思想中，最终把人推到了和天一样的高度，将二者纳入了同一个体系，在同一语境下来考察人和天地万物——天为高，人亦贵；但西方却没有达到这种转变。中国社会的这种"人学"理念，开启了中国文化"以人为本"的早期传统，造就了中国文化的整体性思维——即从总体上关注世界、自然、神、人、君主、国家、民众等的复杂关系。"人"很早就进入了中国古代思想家的视野，神权在中国社会的现实统治趋势被削弱，君主转置为神权在人间的最高代表。因此，在中国社会与"人本"对应的是"君本"，而不是"神本"。所以，最初致力于处置"天"与"人""神、鬼"与"人"之间关系的古代"人学理念"发生了超越，上升为处理"君主"与"民众"关系的"民本"思想。因此，中国文化中道家和儒家的思想，虽然其依据是"天人合一""顺应天道"，但本质上目标却是观照人与社会关系的"人文"理论，也正因此中国社会较早进入了伦理社会，领先进入辩证的人文主义（人与神、人与自然、人与天、君主与民众、国家与民众等范畴的辩证），产生了先进的博大的人文主义伦理，形成了两千多年文化绵延不绝的超稳定封建社会。

从文化传统的角度看，这一切都导源于中国古代的"人本"理念。因此，这也造就了当代中国进行"以人为本"建设的优良的文化传统环境和思想理论基础。

因此，"以人为本"作为一种文化传统和政治理念，在中国有着久远历史。

（2）中国封建社会的民本思想

中国封建社会主要形成并发展了"民为贵、君为轻"的"民本"思想。这个"民本"是和中国古代社会的"神本""君本""国本""官本"等本位范畴并立的范畴。在几千年的中国社会历史中，"民本"与这些范畴有一致相容之处，但它们之间长久不懈的冲突矛盾几乎从未消失。

在中国古代，夏商时期整个社会奉"天""天命"等为至高无上的观念，周朝时产生了"敬天保民"的思想，统治理念发生了从"敬天"向"保民"的转变，"民"与"天"在某种意义上被列在了同一个政治逻辑体系内。这一转变超越了世界各地其他文明单一的敬神传统，使得中国文化展现出深厚的人文底蕴，中国社会因而散发着浓烈的人本气质。中国传统的民本思想有着十分重要的意义，深远地影响着今天的中国社会。

首先，基于民本逻辑，从上层起，专制权力得到了合理的引导和一定程度的约束。西方通过分权制民主来削弱封建君主的权力，而中国依靠的却是民本精神和传统。其次，构造了中国长达几千多年的稳固的社会秩序和一脉相承的文化传统，正是民本政治的主导，使得中国社会几千年相对稳定，使得中国文化具有抵御和融合外来文化的超凡能力。再次，在一定程度上保障了民众的利益，不可否认传统的民本理念一直像禁忌一样加在中国统治者的身上，在一定程度上保证了统治利益向民众的让步和倾斜。最后，促进了上层与下层民众价值伦理和观念的交流融合。从传统民本思想可以看出，人民群众的力量和作用以"民本"形式得到了表达和确认。

综上所述，中国传统人本思想蕴涵着以民为本，重视民生、维护民利、天下为公等有益思想，形成了诸如"民为贵、君为轻""德乎丘民、斯得天下矣""民为国之本""得民心者得天下""水能载舟亦能覆舟"等治世理念，突出了人民在国家中的基础地位，强调人民的力量决定国家的存亡；在文化传统上，它作为主流的意识形态，其基本内涵被纳入君王之道中，被历代王朝奉为治世经义和正统思想。民本思想作为一种重要的文化传统，曾起到积极的历史作用：一方面，起到了稳定秩序、重民保民、牵制君权、减少暴政等作用；另一方面，它也为中国社会的人文伦理提供了一定的基础和语境。

但是在封建政治理念中，君主是国家的最高主宰，中国传统民本思想的前提是"君主民从""君为民主""君为政本"，封建民本思想仅仅是开明君主和进步思想家重民思想的反映，这是它的历史局限性。

2. 西方人学思想

西方人学思想，作为影响世界人文理论的重要文化资源，是影响当代中国"以人为本"创建和实施的重要外部理论启示。

（1）古希腊时期的人学理念

公元前 5 世纪，古希腊的普罗泰戈拉在《论真理》中提出著名的"人是万物的尺度"命题。据柏拉图和亚里士多德解释，普罗泰格拉这个命题的主要意

义在于表明：事物对于个人就是它显现的那个样子，每个人都用自己的具体模式和尺度去认识和理解事物。

柏拉图和亚里士多德的解释大约深受苏格拉底的影响，苏格拉底曾说过"认识你自己""德性即知识"等，在这些语言当中隐含着的一个意思是，人的德性体现在追求真理，而对于真理的追求只能是由人来追求，这就改变了古希腊哲学家泰勒斯提问问题的方式，诸如泰勒斯问"世界的本原是什么"，这都是一种本体论的、客体主义的思考方式，而苏格拉底的追问方式不同于古希腊的哲学家，他把人的视线转回了人自身，人成了新的出发点。古希腊哲学后来经苏格拉底推动，发生了"人类学"转向，开始回归人，在神性之外发现了理性，开始从人的角度追寻"外物因人而异、人依外物而易"的原因，提出人的尺度，发现人的理性，主张人的自省。但是古希腊时期人并没有作为真正的主体从神和自然的整体中独立出来，神以各种面目和形式存在于人类的生活和世界中，及至神——上帝在西方世界一统天下，神始终与人类如影随形，就是说，一方面人存在于神和自然的权威之下，另一方面也存在着"人是万物的尺度"这样的理性觉醒，只是神的力量压倒了人的力量。

（2）近代西方的人文主义

近代西方人文主义是指文艺复兴、启蒙运动时期西方资本主义的人学思想，主张理性是人与自然、感性与理性统一性的基础。它高扬人的理性和价值，关注人的现实生活和幸福，主张积极实现人的自由、个性、自我价值。

15到16世纪，西方的宗教、哲学、政治学、自然科学等领域的重大思想和运动，引发了西方世界对"人"的重新关注，对人类生活的空前反思，"人文主义"作为其中的核心理念，延续至今，启发了近代西方人文主义思潮和精神。

16世纪末到19世纪初，"人文主义"深入发展，最终跃变为鲜明化、完备化和体系化的"人本主义"思潮。这也是资本主义的历史进步性在现实中的一个方面的反映，另一个方面的反映是"科学主义"。因此，资本主义的历史进步性也就表现在，近代以来自然科学及其方法论与以科学为基础的理性精神，以及由此导致的近代理性人本主义，这种人本主义主要表现为崇尚人的理性和智慧的人文精神。在此之前，历经中世纪宗教和神学对个体理性的压制，整个西方文化和精神被纳入了宗教神学体系，文艺复兴逆转了这种形势，将人的问题重新纳入了世界观和价值观的核心视域中来。它的人文精神倡导"人本主义"，与中世纪的"神本主义"相对立，高扬人的意义和价值。从根本上讲，近代的理性人本主义，建立在资本主义条件之上，是对古希腊罗马哲学中人学理念的复兴和发展，并且出现了体系性的超越。

（3）现当代西方人本主义

从历史进程来看，"人文主义"深远地影响着西方世界，它表现于现代资本主义社会的方方面面；西方现代的政治精神、制度法律、价值理念、文化艺术、日常生活，无不受到人文主义的影响和制约。从 16 世纪末到 19 世纪初，"人本主义"——作为"人文主义"深入发展的产物逐渐演变为西方主要的社会思潮，与"科学主义"并立。从某些角度来看，西方资本主义国家将"人文精神"视为人类最高最完美的文化和价值，不仅自己奉为经义，而且将其传播到世界各地，以一种文化霸权的形式要求全世界共同追求。

现代西方人本主义兴起于 19 世纪中期，由各种各样的流派和学说汇聚而成，主要包括 A. 德国的叔本华（Arthur Schopenhauer）和 F. 尼采（Friedrich Wilhelm Nietzsche）的"意志哲学"、丹麦的 S. 克尔凯郭尔（Soren Aabye Kierkegaard）的"神秘主义存在主义哲学"、法国的 H. 柏格森（Henri Bergson）的"生命哲学"、J-P. 萨特（Jean-Paul Sartre）的"存在主义哲学"以及奥地利的 S. 弗洛伊德（Sigmund Freud）的"精神分析学说"、美国的 A.H. 马斯洛（Abraham H.Maslow）的"人本主义心理学"等。它们有一个显著的特征就是非理性主义，是从近代人文主义开辟的道路上伴随着资本主义生产方式发展起来的，从某种意义上表征着"人本主义"与"科学主义"的分流和抗争。

古希腊以来的理性主义传统遭到了现代西方人本主义的全面反叛，非理性主义思潮成为新的趋势。从某种意义上，非理性主义代表现代西方人本主义的主要潮流之一。

从 20 世纪 20 年代开始，西方的文化人类学和文化哲学开始兴起，主导这场潮流的代表人物有 E. 卡西尔（Enst Cassire）、C. 舍勒（Carl Wilhelm Scheele）和 M. 兰德曼（Michael Landmann）等文化人类学家。当代西方文化人类学家对人的文化理解，带有客观主义的性质，同时又看到了人的主体创造性，实质上代表着一种兼具理性和非理性的文化人本主义精神，它将历史上的"理性人本主义"和"非理性人本主义"导入了一种合流趋势[9]。

现代西方人本主义把人的问题提高到了哲学的中心地位，强调主体性、非理性、个体本位，反对思辨哲学形而上学的对人的认识模式，关注个体人的现实生存状态，探讨了人与生存环境的矛盾，以新的见解和视角触及了现代西方

---

[9]　王文臣，曹明贵，等 . 市场社会主义与人本社会主义研究 [M]. 北京：经济科学出版社，2004.

社会的种种矛盾和危机，试图将人从理性抽象的王国拉回到现实世界中来。现代西方人本主义对人类认识中理性和非理性的矛盾和方法等因素做了较为深入的探索。

总的说来，西方人学思想有着长久的历史和深刻的内涵，也有着一定的历史局限性和形而上学性。西方古希腊时期的人学理念，开启了西方人学思想的历史纪元；西方近代人文主义复兴了古希腊的人学理念，从神权之外重新发现了人；西方现当代的人学思想和理论，则建立在文艺复兴开创的人文主义基础上，形成了现当代的人本主义。西方现当代的人本主义具有张扬个体价值和理性的特点，其提倡人权、追求自由、崇尚智慧、践行民主的人文传统有力地推动了宗教改革和资产阶级民主革命。因而，它也是当代中国"以人为本"的思想渊源之一。但是西方人学思想的理论缺陷也是不言而喻的。这主要表现在，它脱离具体的社会关系而抽象地谈论一般的人，脱离历史实践谈论抽象的人的能动性，脱离具体的生产力发展基础和社会进程而谈论人的自由和解放，其空想性和局限性不言而喻。对此种人本主义理论的实质，马克思早就预见性地给予了深刻的批判，他指出如果脱离了历史唯物主义谈论人的问题，那么最终的解决路径还会陷在空想的窠臼之中，从而以科学的人学理论为人类解放指明了道路。

西方人学思想和马克思主义的人学理论，二者都是重要的人学财富。西方的人文主义所倡导的"以人为本"，开创了人学思想的新纪元，对当代中国"以人为本"的建设发展有一定的借鉴意义。

3. 马克思主义人学理论

马克思主义人学理论，是当代中国"以人为本"的理论核心和基础。

在西方，近代文艺复兴以来的"人本主义"，其出发点主要是抽象的人性和人的本质，它以宣扬人的价值、自由、平等、个性、尊严和权利等为特征，将人的权威无限推崇，达到史无前例的高度，把人的地位提升到高于一切的位置，这是对中世纪"神本主义"的反叛和抗争。由于资产阶级的阶级属性，这些思想具有一定的进步性和抗争性，但也有很大的片面性和主观性。马克思主义经典作家批判地继承了文艺复兴以来思想家的（尤其是费尔巴哈的唯物主义人本学）理论，创立了科学的人学理论，将"人本主义"推进到了"历史唯物主义"的轨道。

（1）人民群众是社会历史的创造者

在马克思主义的唯物史观和群众观基础上，马克思主义人学理论显示了历史性、科学性和超越性的特质。

马克思主义人学理论认为，在人类社会由低级向高级发展的漫长进程中，缔造社会历史和最终改变人类自身命运的主体，不是神，而是人类自己；不是某一个人，而是群众共同体的全人类。历史活动本身是群众的事业，人民群众是社会历史的创造者和主体，不仅是物质财富的创造主体，而且是精神财富的创造主体，不仅生产了人类生存所必需的基本物质生活资料，而且是社会变革的决定性力量；因此，群众既是历史存在的基础，也是创造历史的主体，还是历史发展的动力。在马克思主义诞生以前，人民群众的这种历史意义和完整地位几乎从来没有被承认和重视，这正是马克思主义人学理论所显示的超越以往历史理论和政治思想的重要内涵和特征[10]。

（2）实现共产主义——全人类的解放和人的自由全面发展

马克思设想共产主义社会是一个联合体，在那里，每个人的自由发展是一切人的自由发展的条件。看起来，这种情形似乎和原始社会"人的依赖的形态"有某些相似，但马克思所说的"人向自身、向社会的人的复归"和自由"联合体"，实质上乃是人类历史发展经过了一个辩证否定的过程，螺旋上升之后，进入新的历史阶段所形成的新的共同体社会。

马克思曾经指出，社会主义的最高价值目标，就是在未来社会的发展中最终实现人的自由而全面发展的共产主义。在人类实践历史发展过程中，人是社会的主体和历史的推动者，是生产力的中最活跃的因素。从人的发展的角度来看，马克思主义的人学，本质上体现的是人类解放和实现人的全面发展的诉求。

实现人的自由而全面发展和彻底解放，这同人所处的现实社会生活条件密切相关，同人的实践活动有着直接关系。在现实社会生活基础上，人的实践创造活动是实现人自身解放的现实道路和根本途径，这是人的本质力量释放和发展的过程，也是人通过实践活动实现自由有意识目标的过程[11]。人的自由而全面发展一方面是人的主体欲求，另一方面是历史的客观进程；一方面是人的主体现实活动，另一方面是人类整体的精神目标，马克思主义的人学理论的辩证科学性，就在于它辩证审视人的主体性和历史的客观性、人的现实实践活动和精神诉求之间的关系。从而将人的解放发展的主体欲求和社会发展的客观性、

[10] 郑丽娟.新唯物主义"人本"内裹的理论奠基之路——关于马克思理论的一种整体性解读[J].广东社会科学，2011（04）：122-127.

[11] 郑正真.论精准扶贫思想的"人民性"[J].宁夏大学学报（人文社会科学版），2016，38（04）：55-59.

无产阶级的革命活动和共产主义理想辩证统一了起来。

我国社会主义实践是在马克思主义理论基础上展开的。由此以来，马克思主义的科学人学理论就成了当代中国"以人为本"理论的核心和基础。当代中国"以人为本"，是社会主义人本在历史发展中的阶段性实践成果，最终目标是向共产主义迈进，实现全人类的解放和人的自由全面发展。

4.中国特色社会主义理论体系中的"以人为本"精神

"以人为本"这一人性化的主题贯穿着整个中国特色社会主义理论体系的成果当中。

（1）邓小平理论中的"以人为本"思想

解放、发展、消灭、消除等词语体现出对人的关怀，为了提高生产效率和生活质量，实现公平正义，消除展现的是一种目标导向，即共同富裕，充分表现了他的人本情怀和人本观点。以人为本就是邓小平同志诸多讲话所表达的关键点，真正站在人民群众的角度上对问题进行思考，以人民的利益为目标，尊重和保护人民群众的根本利益。

（2）"三个代表"重要思想的人本精神

中国共产党始终"代表着中国最广大人民的根本利益"是对"三个代表"重要思想中"以人为本"理论的最详尽，最直白的表达。江泽民同志在2001年7月1日的讲话表示中国共产党致力于提高人民群众的物质生活水平与素质是以人民群众为着眼点的，并充分表达了对于人民群众的关怀和关心，力求实现人民的全面发展，"以人为本"的主要精神与含义都通过这些思想与论断展示出来。

（3）科学发展观中的"以人为本"

"以人为本"式发展的终极目标就是实现全面建成小康社会，因此要从提高广大人民群众生活水平出发，下大力气促进社会主义现代化建设。"以人为本"科学发展的本质通过全面，协调，可持续的发展展示出来，在对政治、经济、文化、社会等方面的建设全面关注时，我们应该让矛盾的每个方面都能与相邻方面相适应和相匹配，不能只建设其中某一方面而不重视其他方面。可持续要求发展既要对当代人的需求进行满足，同时又不能对后代的利益有所妨碍，实现可持续性发展。"以人为本"具体做法的表示就是统筹兼顾，实现整体性发展。

（4）习近平新时代中国特色社会主义思想中的"以人为本"精神

习近平同志在2016年强调："要坚持以人民为中心的发展思想，牢固树立和贯彻落实创新、协调、绿色、开放、共享的发展理念"。他在2017年党的十九大报告中指出："建设平安中国，加强和创新社会治理，维护社会和谐稳定，确保国家长治久安、人民安居乐业。"习近平同志"以人为本"的国家建设和管理理念具体的表现就是要建设美丽、健康、平安的中国，对于"以人为本"的教育行政管理工作来说，能够指导当前的学校建设要更加注重培养人本精神，建设健康、美丽、平安校园。

### （三）"以人为本"的价值和目标

1."以人为本"的理论价值

（1）从理论上关注人转向在实践中解放发展人

西方文艺复兴和启蒙运动以理论先锋的形象，冲入神学和上帝统治的封建时代的世界，掀起了人文主义大潮，从理论上论证了人的地位、本质、价值和需求等一系列问题，人的问题被提到了史无前例的高度。

在马克思主义诞生以前，人文主义犹如狂涛巨浪，在现实中寻找一切出口，深入到社会的方方面面，如空想社会主义，就是它的最高产物之一。但封建阶级的和资产阶级的神学卫道士，固守着从神灵身上开辟出来的道路，不肯为人文主义让路，更不肯为无产阶级和社会（共产）主义让路。在人文主义道路上，资产阶级和无产阶级起初有着部分相似的诉求；然而，当人文主义为资本打开门户的时候，资产阶级就和无产阶级分道扬镳了，它反过来阻住了无产阶级在人文主义方向上前进的、向社会（共产）主义进发的道路，它的人本主义很大程度上停留在了理论层面和非本质的层面。

只有到了马克思主义诞生之后，人文主义才跃变为真正的人本主义、社会主义。所以说，只有无产阶级才是彻底的人本主义者，只有无产阶级才是真正的社会（共产）主义者；只有无产阶级的活动才将人的解放的理论贯彻到了现实中，在追求真正的人的解放；也只有通过无产阶级专政的社会主义道路才能实现真正的人的解放，实现真正的"以人为本"[12]。

当代中国"以人为本"的社会道路、发展取向、实践路径、价值体系，都是按照马克思主义人学原理和内涵提出的，同时也在完成西方人文主义和科技崛起观照人类自身境遇的千百年的诉求，中国的"以人为本"实践，促使对人的问题从理论上重视转向实际解决，在现实中通过社会主义制度保障全方位解决人的实际问题。

---

[12]　许耀桐. 马克思恩格斯社会主义民主思想的形成和创立——纪念马克思诞辰200周年 [J]. 新视野，2018（05）：5-13.

（2）从关注人在经济中的价值转向关注人自身的价值

马克思认为进入资本主义时代，人处在资本主导的经济关系之下，物对人的关系取代了神、上帝、君主等对人的关系。资本主义通过资本、商品、货币关系，进步将人的价值纳入经济范畴，人的存在和价值，都通过经济价值来体现，人自身（经济价值以外）的价值被忽视了，进一步压缩了其发展空间。

当代中国"以人为本"要从有史以来"神"（"上帝"）、"君主""物"对人的禁锢中解放人，它最直接的目标就是抗拒资本主义片面地关注人在经济中的价值，将人的劳动能力、劳动产物、甚至人本身都变成了商品，纳入资本体系。通过异化的、外化的劳动，工人生产出一个跟劳动格格不入的、站在劳动之外的人同这个劳动的关系。——这就是资本主义的经济关系主导的社会关系，人的一切价值都通过经济标准来衡量，一切事物都贴上了经济标签。

通过巩固社会主义制度基础，当代中国"以人为本"从科学发展的角度来审视人、处置人在社会中的关系，积极引导中国社会主义建设从关注人在经济中的价值转向关注人自身的价值。从这个意义上，资本主义社会中，人的价值是通过经济体现的；而社会主义社会中，人的价值和本质体现将要突破资本主义的经济价值模式，要在解除经济限制的人的关系中彰显人自身的价值。

（3）从物对人的统治转向物为人的全面发展服务

在人类发展的长期历史过程和私有制范围内，"生产方式"和"生产对象"表现为服务于和限于统治阶级需求的那种生产方式和生产对象。进入资本主义社会，随着资本在人类世界的统治地位的建立，人的一切活动都纳入了资本、商品和货币的统辖之下，"物本"成了继"神本"之后的新主宰，禁锢着人的本质力量和本质需求。这正是资本主义社会的两面性特征，一方面提高了生产力、生产出丰富的物质商品；一方面商品为代表的物统治着人。这正是社会主义所要扬起的弊端。

当代中国"以人为本"要从科学发展的角度，通过不断变革完善社会主义关系，变革物对人的统治，使物为人的全民发展服务。在新的社会主义条件下，人的生产和生活目的不是追求一味的物质享受，而是将物质资料作为基础的生活资料，转而注重人自身的精神素质的提升，物对人的统治力将会逐步削弱，退居次要地位。在新的生产关系中，物正在从对人的统治转向为人的全面发展服务，在完成人的本质力量的新的证明和人的本质的新的充实。

（4）彰显了中国特色社会主义建设的内在本质

当代中国"以人为本"的科学发展观理论，体现了社会主义"以人为本"

的内在本质，指出了人本的实现路径和社会主义的目标。社会主义的全部财富本质上属于人民所有，因此社会主义的致富形式和目标也是全民共同致富。中国的社会主义道路，本质上是以解放生产力、发展生产力为目标，其解放生产力发展生产力的最终目的，不是为了继续阶级社会的剥削和压迫制度，而是彻底削灭剥削和压迫，消灭阶级对立，从阶级关系中解放人。

我国政府一再强调，"实现共同富裕是社会主义的根本原则和本质特征"。从这个意义上，中国特色社会主义道路和科学发展观，体现了社会主义"以人为本"的内在本质和实现路径。

马克思出于对人类际遇的深切关怀，对资本主义商品经济和劳动异化机制进行了彻底批判。在资本主义生产关系中，劳动对人的异化，人的劳动被商品化，以致人被商品化，这和早期文艺复兴所追求的人文价值是相悖的，而改变这种异化、物化和商品化的现状正是社会（共产）主义的目标；换言之社会（共产）主义才是真正实现"以人为本"的途径。在社会主义社会中，资本、商品、工具、技术、消费等等将在社会现实中依旧长久存在，只是，它们也许不是继续作为异化构成的载体和方式，而是体现它的符号价值和人本内涵。社会主义社会对异化的克服，仍旧需要一个过程；对社会主义社会人本的建设，也仍旧需要一个过程。因此，社会主义人本的建设需要实践马克思的人本思想，并以此为指导；这是社会主义人本建设的理论要求，离开了马克思的人本思想主旨和原则，则无从建立社会主义的人本。

科学发展观理论，作为当代中国"以人为本"思想的结晶，集中表达了马克思主义的人本诉求、辩证唯物主义和历史唯物主义方法论；集中阐述了中国特色社会主义建设的宗旨和目的；集中体现了中国特色社会主义的内涵和本质。

2."以人为本"的现实价值

（1）进一步突显了人民群众是中国特色社会主义事业主体的地位

马克思在《神圣家族》中说，"历史活动是群众的事业"，强调了人民群众是历史的主体。列宁说，"过去的历史理论恰恰没有说明人民群众的活动，……马克思以前的'社会学'和历史学，……描述了历史过程的个别方面。"当代中国"以人为本"思想，正是对马克思主义人学理论的具体实践和深入发展。

在《目前形势和经济工作》一文中有这样的表述，"人民群众是改革开放的主体和动力，也是社会稳定的力量源泉和深厚基础。"中国特色社会主义的人本实践——当代中国"以人为本"思想，与一般人文主义有着本质上的不同，因为它的实现基础、条件和方式以及最终目标都不同。

当代中国"以人为本"强调人民是创造历史的根本动力，建设中国特色社会主义事业的主体是中国社会各阶层劳动者组成的最广大人民群众，要求"坚持尊重社会发展规律与尊重人民历史主体地位的一致性，"将人民的主体地位提升到了更加明确和完善的境地。由此可见，"以人为本"，全面、协调、可持续的科学发展观，"突出了人作为发展的主体在整个发展中的重要地位和作用"，是当代中国"以人为本"思想探索的新实践和新成果。

当代中国"以人为本"明确地包含着人民是历史主体和历史动力的思想，科学发展观突出人民在中国特色社会主义建设中的主体地位和作用。只有正确认识人民的历史主体性地位和作用，才能正确地走在人本建设的路径上，才能实现真正的人的解放，才能建成真正的全面的社会主义社会。

（2）倡导了新型的社会主义人际关系

当代中国"以人为本"建立在社会主义制度基础之上，在新的生产关系条件下，倡导新型的社会主义人际关系，体现了社会主义"人本"的新型基础和新型目标。

新型的社会主义人际关系是什么样子的呢？简单来说，那就是一种建立在生产资料公有制基础上的、人人平等的社会关系；并且，从"人"的角度出发来处理与人相关的各类关系。这就是新型的社会主义人际关系。我们可以看见，从黑格尔的思想中，马克思进一步发现，人同自身和自然界的任何自我异化，都表现在他使自身和自然界跟另一个与他不同的人发生的关系上。……在实践的、现实的世界中，自我异化只有通过同其他人的实践的、现实的关系才能表现出来。而费尔巴哈从来没有看到真实存在着的、活动的人，而是停留在抽象的'人'上，并且仅仅限于感情范围内承认'现实的、单独的、肉体的人'，……他不知道'人与人之间'还有什么其他的'人的关系'。马克思的这些论述为当代中国"以人为本"提供了发展社会关系的指导性意见。

从本质上看，中国特色社会主义实践提出"以人为本"的理念，这是一个从根本上消除异化、构建新人本的实践活动和历史过程。"科学发展"和"以人为本"的结合使得马克思的人本思想优先地、深入地、全面地体现在我国的社会主义事业建设过程中，为构造新型的社会关系开辟了实践道路。

（3）构建了新的社会主义核心价值观体系

当代中国"以人为本"建设中，国家提出了构建社会主义核心价值观这样的理念，这是一种无产阶级的、社会主义的价值观追求，它体现了广大人民的价值意愿和诉求。

在新的社会主义核心价值观体系指引下，一些具有进步性、现实性的价值理念和目标成为党和人民共同追求的东西，这就极大地集中了全社会的力量来实现社会主义各个阶段的价值目标。

当今世界，资本主义文化充斥了每一个角落。自从资产阶级登上历史舞台至今，资本主义文化价值体系已经代替封建文化价值体系，随着资本的扩张推广到世界各地，成为主流的文化价值趋势。相对封建文化而言，资本主义文化有着很大的批判性、进步性，但是在资本主义创造的繁华物质世界背后，却隐藏着新的危机和灾难；在资本主义社会，压迫人的不再是自然，而是资本统摄的社会，或者说资本主义的制度和模式。当前，我国政府和文化界正在积极引导和建构社会主义核心价值观体系，这将是对资本主义文化和价值体系的一场重大狙击和围剿。

赫伯特·马尔库塞在对资本主义社会现实和制度作批判时指出，资本主义发达工业社会的政治机制主导着个人的价值取向，个人的价值需求刺激着整个社会的商业和公共福利事业，社会总体是非理性的。在资本主义社会中，人的本质是被逐渐深度异化的，甚至出现了异化的多样、普遍和深层趋势；资本主义的价值体系和人本主义实践的现实基础是病态的、畸形的，人是被物化、工具化和商品化的存在物，在资本主义社会中不可能实现真正的人本。当代中国"以人为本"从科学可持续发展的角度建构社会主义核心价值观体系，引导着中国社会主义构建了新的价值体系。

3. "以人为本"的目标

当代中国"以人为本"，作为社会主义的人本理论与马克思主义人学理论是一脉相承的，社会主义人本理论与西方现代人文主义并立，是现代人本主义的一个组成部分。无论这种"以人为本"在社会主义国家具体的现实中有着怎样的内涵和状态，都是按照马克思思想的理论和原则展开实践的，其最终的目的和归宿，其实现路径都不再是单纯的抽象或个人的解放之类不切实际的主题和方式，而是通过社会关系的变革，解放生产力和人自身，通过生产力和生产关系的解放，进一步解放人，构建新社会和新人类。

当代中国"以人为本"的目标包含三个层次：一是指以实现"整体的人"——"人民"的发展和利益为目标，实现全体人民生活水平、物质条件、精神财富、政治权利等的全面发展。二是指以实现"个体的人"—"个人"的发展和利益为目标，实现个人素质、能力、价值、精神等的全面发展。三是指以实现"类的人"或"人类"的发展和利益为目标，实现人与自然、社会的和谐关系，实

现人类的发展进步，以实现"人和自然""人和社会"的和谐相处为目标。

科学发展观，就中国社会现实提出"以人为本"理念，它的核心意义在于：通过生产资料公有制占主体地位与资本主义生产模式契合的体制路径变革生产关系，解放生产力，基于对人的生存境遇的关注，致力于在全社会范围内实现"人本"基础上的——人的各方面和谐发展。这是马克思主义人本主义在人类"以人为本"实践历史上的最新理论结晶。"社会主义社会作为人类历史上崭新的社会形态，是以经济建设为重点的全面发展、全面进步的社会。当代中国"以人为本"的目标就是要建立全面发展、全面进步的新社会，实现人的自由全面发展。

当代中国"以人为本"，从理论和实践两个方面，遵循马克思主义的人本价值诉求和历史唯物主义科学逻辑，本质上将解放生产力和解放生产关系统一起来，以实现人的自由和全面发展为目标和前景，结合中国社会实际，在人类追寻自由和解放的道路上日夜兼程，奔向共产主义[13]。总而观之，中国共产党和中国政府带领全国人民正在实践和构建的"以人为本"的"社会主义人本"，是一种超越"资本主义人本"并且更为完善的、全面的、真正的"人本"，它合乎人发展的本质取向和历史进步的方向。

## 二、"以人为本"的实现条件和途径

### （一）"以人为本"的实现条件

#### 1. 科学辩证处理人与自然、社会、人以及自身的关系

当代中国"以人为本"的实现需要一系列条件。因为，"以人为本"是一项体系性实践活动和进程，必须建立在科学辩证处理人与自然、社会、人以及自身关系的基础上。

黑格尔说，人即就他对于外界事物的关系来说，人总是通过外物而和他自身相联系。马克思恩格斯也充分认识到人处在对象性关系体系中，人的问题的解决，需要从一系列与人相关的关系中去寻找答案。因此，科学考察并处理人与外物（人与自然界和社会、他人）的关系，以及人与自身的关系，才符合辩证地处理各种关系的方法论原则，而上述关系就成为当代中国"以人为本"建构过程中必须统筹兼顾的关系。

---

[13] 江国华, 彭超. 马克思主义自由价值观: 内涵与道路——对社会主义核心价值观中自由的理解 [J]. 青海社会科学, 2016（03）: 72-79.

当代中国"以人为本"建设过程中，科学发展理论表明，在"以人为本"的内部实践中需要处理四组关系：人与自然、人与社会、人与人，以及人与自身的关系。

当代中国"以人为本"是马克思主义人学理论同中国实际结合的人本道路。它在妥善处理上述关系的基础上，在实行公有制占主导地位多种经济形式并存的模式中进一步从国家利益和人民利益的实际出发来实现"以人为本"，这是根据中国社会主义建成后三十多年的公有制人本实践，以及借鉴苏联和朝鲜等社会主义经验教训得出的正确路径。

通过考察历史和现实可知，只有在社会主义制度基础上，在现实实践活动过程，即社会主义现代化的政治、经济、文化建设过程中，科学辩证地处理人与自然、人与社会、人与人，以及人与自身的关系，只有获得了这样的基础和条件才能实现真正的"以人为本"。

2. 科学发展、坚持"以人为本"

20 世纪 80 年代，诞生了可持续发展理论。一般来说，可持续发展主要包括生态自然、社会和人的可持续发展三方面，首先是自然资源的可持续利用和平衡的生态环境基础；其次是经济可持续发展，以及社会的全面进步；最后是人的持续性、长久性、全面性发展。在社会的可持续发展方面，它首先是体现人自身的可持续的全面的发展，其次是社会关系的可持续协调发展，最后是社会整体的发展和人类文明的进步，涵盖了整体的历史持续性发展和个体的持续发展的统一。

当代中国"以人为本"思想和实践正是建立在这种科学认识基础之上，并真正打开了人科学可持续地从现实通向未来发展之路，它使得人的问题开始得到真正解决，人的自由全面发展不再是建立在异化制度基础上的空谈，不再是一件遥不可及的事情。

## （二）　"以人为本"的实现途径

当代中国"以人为本"的实践进程，坚持科学发展原则指导地位并将其贯穿于整个社会生产活动和具体生活之中。但"以人为本"的实现，要建立在科学辩证地处理人与自然、人与社会、人与人，以及人与自身等关系的基础上。只有充分利用各方面条件，打好了现实基础，才能顺利展开中国特色的社会主义人本建设，最终实现真正的"以人为本"。对于当代中国来说，"以人为本"的实现主要有三个方面的途径，即保障人民权益、走共同富裕之路、人民共享

发展成果。

1. 保障人民各项权益

从概念上讲，所谓权益，是权力和利益的统称。当代中国"以人为本"的实现，必须从保障人民各项权益开始。这个问题的解决，首先需要法律、政策、制度等一系列的软性力量，最终还需要通过大力发展生产力这样的硬性方式。事实上，即使在生产力不发达的状况下，保障人民权益也是代表一个国家和社会的文明水平。

（1）保障人与人之间的权益平等

①保障人民权益是社会主义的本质要求。从社会和人的关系角度来看，社会和人的发展处于同一辩证体系中，二者具有不可割裂的关系；从国家和人民的角度讲，国家的发展离不开人民群众，人民群众的发展也要依靠国家的发展做保障。因此，正确处理社会发展中人与人、人民与国家、党和群众之间的关系，实施有力的措施保障人民权益意义十分重大。

当代中国"以人为本"建立在马克思主义指导的社会主义实践基础上，保障人民权益这个理念在近几年的理论认识和社会建设中得到了进一步加深。但是我们也要看到，目前还存在着认识和实践方面的不足，这就要进一步加强科学辩证地处理人与人、人民与国家、党和群众之间的关系，公正合理地保障人民权益。在当代中国"以人为本"的实践中，必须深刻地认识到，社会活动的出发点是人，生产和消费的目的也是为了满足人的发展，而不是将获取利益的目标加在人的价值之上，个体人和整体人民价值的实现要以其权益的实现为基础，只有个体人和整体人民的权益得到了保障，其才智、能力、热情和积极性才能全面发挥出来，社会主义事业才有长足的人员力量。

当代中国"以人为本"，对人与人、人民与国家、党和群众之间的关系做了新的展望，从而对保障人民权益作出了明确阐述，"社会主义和谐社会，是经济建设、政治建设、文化建设、社会建设协调发展的社会，是人与人、人与社会、人与自然整体和谐的社会"。

可以看出，人的地位被充分显现出来了，保障人民权益的问题也正在受到更大重视。因此，当代"以人为本"建设必须考虑社会自身给人带来的经济、政治、文化等现实条件，只有解决了这些现实条件对人的禁锢和压迫，将属于人的权益交给人，人的发展才具备社会基础，社会发展才具备人的基础，人与人之间才能享有平等的权益。这是社会主义本质的体现，无论是谁，都不能凌驾于他人之上，任意剥夺他人的权益和利益，即便是党和国家，也要依法办事，也要尊重人民群众的正当权益。反过来，在当代中国，党和国家必须以保障人民权益为己任，保障个体人和整体人民的权益不被任何个人或团体侵害，也就是说保障人民权益是社会主义的本质要求。

②推进社会主义法治建设，保障人与人之间的平等权。关于保障人民权益，第一个任务就是稳步推进社会主义民主法治建设，保障人与人之间的平等权益，进而推动公有制度下的社会主义生产关系深入发展、构建人与人之间的新型关系。马克思恩格斯在《共产党宣言》中设想的理想社会是："每个人的自由发展是一切人的自由发展的前提"。在阶级社会中，人对人的占有，人对人的奴役、人对人的支配的关系，在现代社会中都应当被废除；神权、君权和王权对民众权益压制和剥夺的现象也应当被消灭。

从法治角度而言，人与人之间的权益关系，主要涉及的范畴有三个：平等（公正）、自由（独立）、和谐（共进）。关于平等，马克思曾经说："平等是人在实践领域中对自身的意识，也就是人意识到别人是和自己平等的人，人把别人当作和自己平等的人来看待。平等表明人的本质的统一。人类的类意识和类行为，人和人的实际的同一，也就是说，它表明了人对人的社会关系或人的关系"。关于自由，马克思曾经说："如果经济形式，交换，确立了主体之间的全面平等，那么内容，即促使人们去进行交换的个人材料和物质材料，则确立了自由。可见，平等和自由不仅在以交换价值为基础的交换中受到尊重，而且交换价值的交换是一切平等和自由产生的现实的基础。作为纯粹观念，平等和自由仅仅是交换价值的交换的一种理想化的表现；作为法律的、政治的、社会的关系上发展了的东西，平等和自由不过是另一次方的这种基础而已。"关于和谐。这是一个建立在平等和自由基础上的范畴，如果没有自由和平等作为条件，和谐就成为一种机械的形式，表现为自然秩序和社会自发程序的那种无意识状态。人与人之间的和谐，是通过人类理性的批判和实践活动的克服，补足自然和社会的自发缺陷形成的理性和谐。

费尔巴哈把人类建立公平社会和保障个人权益的希望寄予人与人之间的爱，马克思批判了这种思想，说费尔巴哈看见的人是抽象的人，不分资本家和工人，他们之间是存在着爱的，爱可以解决他们之间的矛盾和对立，费尔巴哈的超阶级"情爱伦理"和新康德主义者的"道德律"都违背了历史唯物主义的原则。这种抽象的做法，无视人与人之间的阶级差别，无视人与人之间的经济地位的差别，无视资本家和工人之间的剥削与被剥削关系的差别，无视阶级之间权益的差别，无视历史和现实的差别，无视抽象和具体的差别，因而，也就

不可能通过现实的路径来建立人与人之间的公平；因此，也就不可能从社会最本质的生产力和生产关系的意义上看待社会公平，并实现公平，也不能从根本上保障人民的权益，并给予这种权益。因为，那一切在费尔巴哈和新康德主义者那里都依赖于主观的和超阶级的东西来维系和实现，是非现实的幻想，是违背历史发展规律的唯心主义。因此，马克思认为，费尔巴哈只是在用一种无差别的抽象的东西在为人类的解放探索路径，而且是一条抽象的没有实际路线的路径。

当代中国"以人为本"的理论和实践，必须稳步推进社会主义法治建设，保障人与人之间的平等权益，进而推动社会主义公有制制度深入发展、建设社会主义公有制制度下的新型生产关系，通过法律、制度和政策，全面保障人民权益，营造出和谐的社会氛围，为妥善处理人与人之间的关系，人与社会同步发展，以及实现真正的"以人为本"创造良好的社会关系条件。

③推动公民身份、法治身份建设，构建人与人之间的平等关系。当代中国"以人为本"需要将社会主义公民身份和法治身份建设作为一项重要的任务。公民身份是最基本的身份，也是最重要的身份，更是一项法律意义的身份。在国家体系中，任何人首先是公民，其次才是自己的职业身份和职务身份。公民身份的建设，将是对先前以职业身份和职务身份为主的社会阶层划分标准的变革，这就要求从现在的单位人到角色人，身份人到契约人，身份社会到契约社会的深层转变。

在身份社会中，人的权利和义务普遍由其先天或后天的社会身份决定，人与人之间体现出一种鲜明的身份壁垒，人的发展和人格状态受制于身份。例如城市居民身份与农村居民身份、工人身份与农民身份、资本家身份和雇员身份、官员身份和平民身份等。

在契约社会中，人民是作为契约成员相互并立的，因为人民是契约（社会共同体）关系的订立者、遵守者和监督者，国家代行契约职权，依据一定的制度法律、价值体系、行业规则、交往模式来建构人与人之间的基本关系。

当代中国"以人为本"建设需要加速社会由身份模式向契约形态转化，使得公民社会地位趋于平等、资源分配趋于公平、发展机会趋于均等；使得公民从身份人转向契约人，从特殊权益身份转向平等权益身份，从民族身份转向公民身份。

在社会主义条件下，"人"本质上是"权利主体"的"人"，"民"本质上"权利主体"的"民"；"个体的人""群体的民"与都要符合公民身份的本质内涵，社会主义的公民身份是最基本的，也是最高的法律依托，任何人的权利和利益首先必须建立在一个平等公民的身份之上，都要以人类社会自身的契约（社会共同体）关系为最深层的关系展开活动，任何违背平等关系的身份和行为都是非法的，都将在当代中国"以人为本"的建设过程中逐渐被摒弃和破除。

总而言之，只有消除了身份壁垒，建立法治的公民身份，并以此作为唯一的合法契约身份，社会主义的人才是一个真正的契约人，才是一个享有平等发展权益和条件的人，才是一个和社会主义的本质相一致的人，才是一个拥有自由人的联合体前提身份的人。

（2）保障国家和人民之间的权益和谐

在充分保障人民权益的基础上，个体人与人之间的权益公平基本上有着法律和制度方面的确证性；人与人之间的利益分配有了公正平等的保障，那么第二个层次的问题就是要处理国家和人民之间的权益关系。

马克思主义的观点认为，国家出现和存在的意义在于"把冲突保持在'秩序'的范围以内"，国家是历史发展到一定阶段的产物。当国家形成的时候，政权就把社会分成了国家和民众两个相互关联又相互对立的范畴。政权作为国家利益和民众利益的调控器，依赖现行的政治体制和制度发挥作用，政府成了行政主体[14]。

在社会主义制度下，从整体上来说，国家利益和人民利益是一致的，但是它们并不总是一致，而是有着一个契合度，也就是说这种一致是有条件的，很多时候二者存在着矛盾。在保障人民权益方面，主要涉及的是人民利益和国家利益之间的关系。

从一国内部而言，国家利益主要分为国家政治利益、经济利益、文化利益；群众利益也与此相对应，处理好这些利益关系，意义非常重大。

①国家政治利益与群众政治利益。从新中国建立而始，我国宪法就确立了人民在国家权力中的崇高地位，确立了国家的归属和政治权力的本质——国家属于人民，权力属于人民。这是社会主义制度人民主权特征的重要体现。

在当代中国，人民主权建设和政治民主正在进一步完善。人民主权通过人民代表大会政治民主形式来表达和确认，这就使得中国社会中公民意志最终成为政府合法性的基础。这就要求进一步完善人民代表大会制度和政治协商会议制度，让最广大的人民群众加入政治民主活动和进程中来，通过知政、参政、

[14]　徐新，等.《毛泽东思想和中国特色社会主义理论体系概论》专题研究 [M]. 长沙：湖南师范大学出版社，2017.

议政、督政等方式来表达公民意志，行使人民主权。

当前，我国正在进行国家利益向群众利益的转化，关注视角从集体向个体的转变，分配机制从整体向个体转变；国家不再单纯重视集体的权利和利益，而是开始注重个体的政治法律权力和利益，从法律和制度上保障人民的合法权益。因此，当代政治进程中的"以人为本"，要兼顾国家、阶层、集体、个人的利益，一方面将国家政治利益转接到个体权益，一方面将个体意志和诉求转化为国家理念和行为。

②国家经济利益与群众经济利益。在经济上，人民群众是生产力发展的主体，是社会经济发展和财富创造的主体。当代中国的"以人为本"，在处理国家利益与人民利益关系时充分体现了人民的主体地位。从建设"富强、民主、文明"的社会主义现代化国家到国家建设中加入"和谐"理念和目标，这是治国理念的重大提升，说明国家已经在人与人、人民与国家、党和群众的关系处理方面加入了更为科学的人本理念；从先前的富国强民到现今的关注民生、藏富于民、让改革的成果惠及全民等，都说明了党和政府在处理国家经济利益与群众经济利益方面发生了重大转变，国家发展的目的已经逐渐转变为全面满足人民群众增长的各种需求，国家经济利益和人民经济利益日趋一致。这也就逐步消除了新中国成立初期和改革开放初期，片面追求国家富强的思维，从而使得中国特色社会主义建设与社会主义本质的契合度越来越高。

当代中国"以人为本"，它坚持马克思主义人本主义的原则和方向，以解放生产力，发展生产力，以最终建成完善的社会主义之后实现共产主义，实现人的解放和自由全面发展为目的。从这个意义上，中国特色社会主义本质上实践着社会主义理论，中国政府提出实践科学发展观，构建和谐社会，以人为本等，其实质是解放生产关系、解放生产力，最终促进人的全面发展。

由此，我们就要反过来问，解放生产力，发展生产力的目的是什么？很显然，从社会主义本质的角度看，就是为了人民；作为社会主义政党和国家，其发展的目的最终就是为了人民群众，就是要让人民获得充裕的物质和精神财富，享有自己应得的经济利益，过上富裕的生活。因此，社会主义国家的国家利益同人民利益在本质上是完全一致的，人民的富裕和国家的强盛也是不矛盾的。所以，在当代中国国家经济利益与群众经济利益本质上没有冲突，国家是人民的国家，而不是阶级压迫的工具；国家经济利益本质上代表着人民经济利益，而不是代表资产阶级和官僚阶级等统治阶级占有物质财富和经济利益。

③国家文化利益与群众文化利益。当代中国，以马列主义、毛泽东思想、

邓小平理论、"三个代表"重要思想、科学发展观和习近平新时代中国特色社会主义思想等先进治国理念为政治文化主导方向，积极推进"以人为本"的社会主义文化建设。

在这个过程中，无产阶级文化占主导地位，它是对封建主义和资本主义文化的扬弃，既吸收其有利的优秀的部分，也批判和拒斥其不合理的有害的部分，在此基础上兼顾不同群体、阶层合法权益和需求。因此，社会主义文化是国家和人民群众的精神利益和文化价值的共同表达。

当代中国"以人为本"，就是要关注人民群众的心声、精神需求和理念诉求，实行"百花开放""百家争鸣"，一切有利于社会主义建设发展的、符合人民需求的精神利益和文化价值都是符合社会主义发展需求的，在此方面国家的利益和人民的利益是一致的。如果部分群众的精神诉求和价值取向背离了社会主义的本质方向和要求，国家就要进行干预，并坚持社会主义先进文化的前进方向，保障公有制基础上的大多数人的利益。

（3）落实人民权力和利益的统一

在中国当代，人的权力和利益，法律上的规定与实际上享有已经实现了很大程度的契合，社会主义民主法治、人民享有充分的合法权益正在成为中国社会的重要主题和特征。从个体之间的关系而言，权力和利益体现的是人与人之间的现实关系，只有人与人之间的权利和利益体现出平等和均衡，人与之间的关系才是平等和谐的关系。

这是仅就人权方面的一项诉求和界定，而人与人之间的权利和利益关系范畴却不仅仅限于人权一个方面，它的范围涵盖了整个社会中权力和利益的各个范畴。因此，当代中国"以人为本"建设，就要从完整的权力和利益角度去研究人与人之间的关系，关注每一个人在其集体中所应有的权力和利益，从而实现人与人之间的相对平等公正、和谐相处、和谐发展、和谐进步。

中国社会由于现实发展中的各种要素，导致了权力和利益的不同层次分化和不平衡，尚未消除人与人之间的现实权力和利益的差距。这就要求尽快遏止和消除不同阶层、群体、个体之间的分化和不平衡趋势，实现不同阶层、群体、个体之间的平衡和谐的关系，这是一种对人本身的观照，也是当代中国"以人为本"的迫切要求。

在此基础上，还必须妥善处理国家利益和人民利益之间的关系，使二者处在和谐发展的进程和体系中。

在当代中国"以人为本"的科学发展观理论中有这样的表述，"……我们

所要建设……应该是民主法治、公平正义……安定有序、人与自然和谐相处的社会"。当代中"以人为本"，在处理人与人、人民与国家、党和群众之间的权益关系时，明确提出了的"民主法治、公平正义"这样的概念，进一步明确了社会发展体系化科学化的路径、方式和目标等，通过法律和制度来保障人民权益，实现普遍的社会公平正义。

由上述可知，在保障人民各项权益的基础上，当代中国在政治、经济、文化等方面实践着科学辩证的"以人为本"，也只有通过保障人民权益这种途径，才能为实现真正的"以人为本"铺平道路，将"以人为本"落到实处。

2.走共同富裕道路

（1）共同富裕是社会主义的本质特征和价值取向

20世纪，邓小平论述了社会主义的定义：社会主义的本质就是解放生产力，发展生产力，消灭剥削，消除两极分化，最终达到共同富裕。这个定义体现了科学性、客观性和现实性，准确地概括了社会主义的本质。

这个定义包含着社会主义本质的两个重要方面：一是社会主义事业的最终目的是共同富裕，人的自由全面发展；若要实现这个目的，首先就一定要解放生产力，不断发展生产力，这是一条基本原则。二是通过社会主义生产力和生产关系的良性循环，逐步消灭剥削，消除两极分化，最终达到共同富裕，这是社会主义的根本制度特征和最高价值取向。这可以从两个方面来说明。一方面，当代中国社会主义制度建立在社会生产力有较高水平发展的基础上，中国社会在未来发展中将会创造出更丰富、更高级的社会财富，进一步满足人民大众日益提高的物质和精神等各方面要求。另一方面，当代中国坚持生产资料公有制和公有经济的主体地位，这就决定了在当代中国社会中人民大众具备共同富裕、普遍富裕的制度保障。

实现共同富裕，不仅仅是人民群众的目标，而且也是党和国家的目标，根本上还是社会主义本身的目标。

由此可见，社会主义的根本任务是发展生产力，但它的最终目的却是消灭剥削、消除两极分化，实现共同富裕，这本来就是社会主义的根本制度特征和最高价值取向。总之，无产阶级是为绝大多数人谋利益的阶级，社会主义的最终目的是让整个社会实现普遍的和谐富裕和公平正义，实现社会劳动生产力高度发展和人类全面发展。

现今，中国特色社会主义建立在公有制生产关系基础上，它是通过社会主义生产力的发展来贯彻"以人为本"的社会主义，它内在地包含着共同富裕、人的自由全面发展等观念。所以，我国目前要不断深化经济体制改革，促进生产力发展，为"共同富裕"的实现提供物质经济保障。

（2）通过发展社会经济实现共同富裕

①发展社会经济是共同富裕的必经之路。在当代中国"以人为本"实践过程中，我们必须正确看待和科学处理共同富裕与经济社会的发展的辩证关系。一方面，社会发展决定着共同富裕，只有社会不断地发展才能为共同富裕提供物质的和精神的条件。另一方面，共同富裕既是衡量社会进步的尺度，又是社会发展的强大推动力。

但是，共同富裕并不是孤立展开的活动和进程，它受到主客观诸多因素的影响和制约。除自然条件外，最重要的是经济和社会因素；但反过来说，共同富裕又是经济和社会发展的反制约因素。因为，人的基本生活如果没有保障，其各方面素质和能力的发挥就可能受到限制，影响经济和社会的发展。

由此可见，经济发展为共同富裕提供坚实的物质条件，它既是社会发展的基础，又是人发展的基础。只有物质极大丰富了，才能为人的自由全面发展和社会进一步发展提供物质保证。因而，共同富裕建立在经济社会发展进步基础上，经济不发展、人不发展，社会发展也不可能实现，也就谈不上共同富裕。从根本意义上来说，物质资料的生产和经济的增长，以及共同富裕，都依赖于人和社会的发展。因此，共同富裕与经济和社会的发展关系密切。共同富裕总是与经济和社会的发展进程交织在一起，这是同一个历史过程的多个方面，它们相互结合、相互制约，处于同一历史过程，必须妥善处理它们的关系。

我国社会发展的实质和特点与西方资本主义社会的发展形态和内涵有诸多不同，这就决定我们不可能照搬西方先经济后社会、先发展后反思、先破坏后恢复的解决问题的模式。我们必须在发展经济的基础之上同时推进民主政治、民主法治、先进文化；在提高物质生活条件的同时创造更好的生态环境、生活环境；在追求发展的速度和效率的同时逐步提升社会公平和正义；在经济还不太发达的情况下逐步解决社会保障等问题；在进行工业化的同时推进信息化；在推进经济社会发展的同时，不断推进共同富裕。总之，只有坚持科学技术、教育文化、物质生产、政治民主、精神生活的共同发展，坚持社会分配、就业、保障、管理等的和谐全面发展，坚持一切成果全民共享，才能体现真正的"共同富裕"。

所以说，经济是共同富裕的现实物质基础。生产力的发展，经济的增长，社会物质基础的增强，是共同富裕必不可少的基本条件。经济的发展，一方面

是增加物质财富的过程，一方面也是人获得发展的过程。离开必要的社会物质条件，人的发展就失去了依托的基础，共同富裕就变成了空谈。只有在经济发展的基础上，才能不断提升人民群众的文化水平和精神境界，才能实现物质富裕和精神富足的同步。因此，在社会主义进程中，不能片面强调经济发展对共同富裕的意义，片面地将共同富裕等同于物质的获取和物欲的满足，否则就误解了社会主义的宗旨，也扭曲了人发展的方式，走到了"共同富裕"的反面。反过来，不能否认物质基础对于共同富裕和社会进步的意义，否则也就否认了社会发展的客观性和条件性。在当代中国，我们必须本着"以人为本"核心妥善处理这种辩证关系。

②兼顾"以经济建设为中心"与"以人为本"。马克思主义哲学论述了生产力和生产关系的重要辩证关系。在追求"共同富裕"，实现人的全面发展的道路上，我们一方面要把追求社会主义社会生产力高度发展作为重要的任务，一方面也要为完善合理进步的社会主义社会生产关系而不懈努力。这其中包含着深刻的人学意蕴，那就是不能把生产力发展作为唯一的目标，而是要把人的生存和生活放在更为重要的位置。马克思关于人的全面发展的理论自始至终对资本主义社会现实和根本制度进行批判。他指出，人之所以在社会生产和生活中片面畸形发展，根本原因在生产力，而直接原因则在生产关系。因此，要改变资本主义生产关系下劳动者的受奴役状况，消除劳动的异化，就必须改变其生产关系，废除私有制，使工人和其他劳动者从异化关系中解放出来，使社会全体成员得到全面发展。故此，只有实现生产力和生产关系的双重解放和发展，才能真正在现实社会中落实"生产资料公有"和"共同富裕"，才能创造人的全面发展和自由解放的历史条件，才能走上人的全面发展之路，从而实现"以人为本"。

由此可见，生产力和生产关系的辩证关系已经启示我们，不能在"以经济建设为中心"和"以人为本"之间得此失彼，而是要兼顾并举。

我国社会主义建设的基本路线强调"以经济建设为中心"，当代中国的科学发展观强调"以人为本"，这都是对马克思主义生产力发展理论的坚持和运用，"以经济建设为中心"是"促进经济社会和人的全面发展"的前提条件，"以人为本"则是发展经济过程中所要坚持的原则和目标，对经济建设有指导作用。所以，坚持"以人为本"同"以经济建设为中心"，两者并不矛盾，而是互相促进的关系；"以人为本"是对"以经济建设为中心"的发展而不是否定，是为了更好地贯彻"以经济建设为中心"的基本路线。同样，"以经济建设为中心"

是实现"以人为本"的基础和手段，是我们必须坚持的重要原则。

（3）通过物质富裕和精神富足的统一提升"以人为本"

马克思先见地认为，文明是人类实践的产物和社会前进的基础，到了资本主义社会，文明呈现出了一种跃变式的高度进化，这是资本主义文明尤为显著的特征——尤其是工业和信息文明的出现，物质产品极大丰富了，资本主义在几百年的时间里创造出了超过以往社会几千年所创造财富的总和。工业社会的崛起本来就是人类文明发展的结果，文明将人类带入了一个以资本为轴心、私有制为基础、阶级分化为前提、科技为动力、社会化大生产为形式、社会财富极大丰富的社会。资本的介入，使得自然分工导致的劳动异化超过以往社会，因为资本主义文明，是伴着人文主义（人对神和自然的抗争）发生的，是伴着工业革命的科技进步和经济腾飞出现的，是伴着高度的商品化、发达的分工和普遍的专门职业化展开的。因此，人和社会的存在方式和存在状态都超出了以前的形态。但是在资本主义社会中，物质财富的丰富，并没有解决人的物质异化、阶级分化、贫富分化等问题，人的精神富足被打上了异化的烙印，处在异化的扭曲中，不是一种全面的完善的富足。但在资本主义社会中孕育的正是否定它自身的新要素，这就是社会主义的要素。社会主义就是要扬弃资本主义的异化模式和机制，在物质极大丰富的同时也要让人的精神极大提升，从而将人的本质还给人，使人回到本真状态，将人的世界换给人，社会不再是人的禁锢，而是人的本真世界。

在社会思想发展历程中，中国古代，道家的老子、庄子都有关于回归自然，去除物欲，获得生命自由的思想，主张回到小国寡民的自然状态，放弃物质财富的生产扩大，主张人在现实世界中的自我修为和超脱，清静无为，顺应自然；它预见了人类的文明体制，物质追求的异化模式最终会剥夺人的自然性，从而剥夺人类存在的本真意义，异化人的存在状态。这种思想看似消极，实质上是对人的生命的本质关怀，是极富远见的，今天工业社会的一切异化和束缚，重物质轻精神，人类幸福感的被剥夺，不正是老子、庄子和荀子这种思想所反对和早就预见了的吗？

当代中国"以人为本"，在处理这个矛盾时，显示了对历史经验教训的深刻反思，对未来发展的科学战略和远见。本着"以人为本"的宗旨，20世纪中国政府已经就妥善处置人与社会、自然的关系，提出"全面"建设小康社会的目标，包括以下内涵，"……促进人的全面发展。……促进人与自然的和谐，推动整个社会走上生产发展、生活富裕、生态良好的文明发展道路"。中国必

须在经济发展过程中不断提升和扩充环境容量，不断增加资金和技术投入，妥善解决各个层面的发展富裕问题。因此，必须选择科学可持续发展战略，做到在总体上有战略规划，在细节上有具体措施和方案。从而，一方面科学协调人与人、社会、环境等各个层次的关系，一方面科学推动经济发展，在此基础上促进社会全面进步，推动实现全社会的共同富裕，促成物质富裕和精神富足的统一，坚持辩证发展，极大提升了"以人为本"的品质和意义。

（4）通过走"共同富裕"之路保障"以人为本"

新中国建立在落后的半殖民地半封建社会基础上，虽经过初期的社会主义改造和三十多年改革开放，但是社会主义建设的道路还很长，整个社会和人民群众还处在相对落后的社会主义初级阶段。资本主义的生产模式和经济理念在不断地侵蚀着社会主义的机体。

当代中国"以人为本"，本质上就是要走共同富裕之路，使每一个公民都享有平等的权益和财富。因此，就是要通过社会主义制度来解决阶级社会无法克服的矛盾，消除异化、消除阶级关系对人的束缚，使人从阶级制度和阶级关系之中解放出来，在追求广泛的公平正义的基础上，实现全民共同富裕。

我们走"共同富裕"之路，这不是单凭理想和想象就能实现的；同样，追求"以人为本"也是如此。从辩证角度来说，"共同富裕"和"以人为本"的实践都需要社会生产力的发展，需要经济基础做保障，这也说明了生产力和经济发展的目的恰恰是为了实现"共同富裕"和"以人为本"。因此，我们必须坚持一个中心两个基本点的基本路线不动摇，要坚持"以经济建设为中心"，也要坚持走"共同富裕"之路，更要坚持"以人为本"。从三者的关系来看，"经济建设"是基础，"共同富裕"是目标，"以人为本"是核心。

历史证明，只有通过经济发展，才能保证一个社会具有充裕的物质资料，才能保障社会成员在丰衣足食的基础上追求更高的精神富足。现实状况也表明，如果没有经济基础来奠定"共同富裕"，那么"以人为本"就很可能流于表面和形式。人的全面发展首先必须以发达的生产力为基础。因为只有生产力的高度发展，才能促进生产关系的调整和变革，实现社会制度、社会形态的完善和更替，使社会关系的全面发展和人的充分富有成为可能；也只有生产力的高度发展，才能消灭阶级社会的生存条件，消灭阶级、消灭旧的分工，实现"自由个性"的发展。生产力是社会发展的推动力，是贯穿人类历史的一条红线。只有牢牢把握生产力发展的历史进程，才能科学地解释从经济基础到上层建筑的一系列变化，也才能准确地把握社会发展的脉络，才能解决好人的问题。

实现全民共同富裕，这既要从历史的角度规划公平正义、共同富裕以及人发展的未来路线，也要从现实社会中解决人所处的实际困境，解决人的实际需要，改善人的生存状况，增加人民的财产收入，保障人民群众的物质利益。也就是说，从理论和实践两个方面来推进共同富裕。

新中国建立以来，经过改革开放，人民的现实生活和生存条件得到了很大改善。但是私有制资本的入侵和商品经济导致的社会分化却造成诸多社会问题，诸如人民之间收入差距拉大，社会分层加剧，阶层固化等问题日益突出。一部分人的现实生活和生存条件得到了提高，仍有一部分人面临着现实生活和生存状况的恶化，他们所处的条件是社会发展潜在的正面动力，也是潜在的负面因素。显然，贫穷不是社会主义，共同致富是社会主义的本质要求，缩小贫富差距、减少阶层分化、打破阶层固化，使广大人民群众获得相对均等的发展机会和条件、获得并占有相对平等的财富，享有相对平等的权利和财富，是当代中国"以人为本"建设最为重要的课题。

所以说，在当代中国，"以人为本"建设，必须加紧改善广大群众的现实生活和生存条件，改善社会的整体环境，走共同富裕之路，实现人与社会的和谐发展，保持社会发展的总体水平与大部分人的发展的总体水平相对一致，而不是脱节，保障绝大部分人过上富裕的生活，而不是形成巨大的贫富差距。这是一种整体性的观照，也是当代中国"以人为本"的本质要求。

3. 人民共享成果

（1）社会主义的财富归宿是全民共享

早在一百多年前，马克思恩格斯就表述过这样的思想：衡量一个社会的真正文明和进步的尺度，不仅在于生产力的高度发展，还表现在生产力和社会财富归人民所有。

进入 21 世纪，在"三个代表"重要思想中有这样的相关表述，"不断发展先进生产力和先进文化，归根到底都是为了满足人民群众日益增长的物质文化生活需要，不断实现最广大人民的根本利益。"在保障人民合法权益的基础上，经济进步和发展成果由全民共享。

当代中国"以人为本"科学发展理论强调坚持"以人为本"核心，由此经济进步和发展成果全民共享的理念得到了进一步发展和深化，坚持以人为本，就是要以实现人的全面发展为目标，从人民群众的根本利益出发谋发展、促发展，不断满足人民群众日益增长的物质文化需要，切实保障人民群众的经济、政治和文化权益，让发展成果惠及全体人民。从这个论述可以看出，马克思主

义人学理论在中国的人本实践中正得到全面的贯彻和落实。

这种发展成果惠及全民的共享理念，成了化解发展过程中一系列矛盾的有效方针和正确理念。因为"发展成果由人民共享"这是由社会主义的本质和党的宗旨决定的；这是走共同富裕道路的必然要求，并且深化了共同富裕的内涵，将社会主义社会的财富广泛纳入了共享范畴，表明了社会主义的财富归宿，——由人民创造的社会财富最终回到人民之中去。

（2）多方面保障社会财富的公平分配和发展成果共享

人民共享发展成果这是一个多层次多维度的立体进程，只有从各个方面、各个维度处理好各种问题和关系，才能保证社会财富和发展成果由人民共享。

首先，从共享范围来说，是人民从各个方面共享发展成果。社会主义建设和改革开发的发展成果由人民共享，这种共享范围是多方面的，而不是限于某一方面。由此，这种共享不仅仅体现在生产资料和生活产品方面，而且体现在文化教育和精神生活方面，还要在政治、经济、文化等各方面充分保障人民享有应得的权益，让改革开放的发展成果惠及全民。

其次，从共享主体来说，是让社会各个阶层共享发展成果。社会财富和发展成果的共享，涵盖了全体人民，包括工人、农民、知识分子和其他群众，这是一种社会各阶层对社会财富和发展成果的共享，而不是某一阶层或某几个阶层，更不是某一个阶层、某些阶层中的某些人或某个人的小范围共享。这就是说当代中国社会的各个阶层即全体人民，都成了社会财富和发展成果的共享主体。

最后，从共享层次和历程来说，一要兼顾局部和全局的共享关系，二要兼顾当前和长远的共享关系。在处理局部和全局的共享关系时要从两个方面来着手：一方面，个人利益和社会利益的享有关系；另一方面是不同地区、不同行业、不同阶层、不同群体同整个国家和社会的利益享有关系。这就是说既要尊重和满足个人合理的利益和诉求，又要维护和发展公共利益，在维护和发展公共利益的过程中满足个人合理利益。

党和国家的路线、方针、政策，不仅要能够考虑并满足整个社会和最广大人民群众的利益要求，又要兼顾不同地区、不同行业、不同阶层、不同群体的利益；或者说不仅要能够代表和反映整个社会和人民群众的全局、整体、根本利益，也要能够反映和兼顾不同层次、各个阶层、不同类别的具体利益。

（3）发展成果人民共享是实现"以人为本"的关键环节

21世纪初，胡锦涛同志提出"情为民所系、权为民所用、利为民所谋"的新执政理念，一方面继续贯彻了"全心全意为人民"根本宗旨，一方面继承了邓小平理论"共同富裕"理念，进而科学发展观理论科学地回答了如何发展、怎样发展的当代重大课题，在应对经济发展带来的社会问题方面提出了"发展成果全民共享"的统领性精神，这符合"以人为本"目标。

经过40多年的改革开放，我国经济建设取得了全世界瞩目的成就。但是，经济体制改革取得巨大成效的同时，社会体制改革却没有完全跟上，经济发展带来的一些重大社会问题没有得到及时解决，一些社会问题越来越突出，诸如贫富差距、阶层分化、利益公平、贪污腐败等问题严重影响社会稳定、和谐、发展和进步。

当代中国"以人为本"建设，必须深入贯彻落实了"发展成果由人民共享"的统领性精神。党的十七大提出一系列与此相关的任务和措施，诸如：深化收入分配制度改革，增加城乡居民收入；加快建立覆盖城乡居民的社会保障体系；建立基本医疗卫生制度，提高全民健康水平。同时，着重强调收入分配改革中的公平和缩小贫富差距问题，在初次分配和再分配过程中都要处理好公平问题；提高低收入阶层的收入，为更多群众拥有财产性收入创造条件；保护合法收入，调节过高收入，取缔非法收入。通过"发展成果由人民共享"的建设，近年来我国社会收入分配差距扩大和贫富差距拉大趋势正在得到缓解。这既是构建和谐社会的重要决策，也是当代中国"以人为本"建设的关键环节。

由此可见，在我国社会主义建设进程中，必须推进发展成果全民共享、不断提高财富共享水平，实施科学可持续发展，一方面平衡社会各阶层的发展进度和水平，一方面也要克服人们片面的异化消费现象，使得物质享受和精神享受共同增进，达到平衡。从而妥善处置我国社会收入分配差距扩大和贫富差距拉大等问题，以及在经济发展过程日益剧增的资源消耗和满足人类需求之间矛盾关系。从而按照马克思主义的科学指引，建立一个消除贫富分化、摆脱异化，实现人与人和谐相处、人与社会同步发展、人与环境的和谐共存的和谐社会。

当代中国"以人为本"，在无产阶级政党领导和社会主义制度基础上，将关注民生、收入分配、成果共享、人的发展等问题提升到了新的高度。在社会主义制度下，存在的是无产阶级政权和人民群众为主体的国家结构。它已经从制度层面解决了"国家和民众""集体和个体"的权利和利益分配关系问题，从根本的生产资料所有制方面为社会财富的公平分配和发展成果共享提供了条件。

当代中国"以人为本"，从理论和实践两个方面都表明了中国特色社会主

义不是只注重经济发展，同时也十分重视从实际物质条件的改善和生产的出发来促进社会财富的公平分配和发展成果共享，实现社会成员共同致富、共同进步的崭新过程。

从历史意义上讲，社会财富的公平分配和发展成果共享，是全人类的理想状态，也是中华民族的总体意愿和全国各族人民群众的现实诉求。中华民族多元一体的格局是历史形成的，在中国特色社会主义公有制度基础上，新型的社会关系正在逐步形成，社会主义形式的财富的公平分配和发展成果共享机制正在建构中。我国政府一贯施行各民族一律平等、共同发展，共同繁荣、共同富裕的方针和政策，保障人民当家作主的主人地位、社会全部财富归全体人民所有，这就使得财富的公平分配和发展成果共享有着政策和制度上的保障。

习近平总书记在党的十八大报告中要求更加自觉地把以人为本作为核心立场。这个"以人为本"，对应于国际上的通行说法，就是"以人为中心的发展"，也就是说必须体现为能落实到每个人身上，每个人都有参与发展、享受发展的权利。这次大会报告把人权得到切实尊重和保障列为全面建成小康社会政治目标的事项。

党的十八大再次明确了科学发展观的内涵，并确立为必须长期坚持的指导思想，要求更加自觉地把以人为本作为核心立场。这个"以人为本"，对应于国际上的通行说法，就是"以人为中心的发展"，也就是说必须体现为能落实到每个人身上，每个人都有参与发展、享受发展的权利。发展权是实现其他权利的前提，而发展不充分则是实现和享有人权的主要障碍。我国领导人近年在许多场合都提及"国家尊重和保障人权"的宪法原则，"既尊重人权普遍性原则，又从基本国情出发，切实把保障人民的生存权、发展权放在保障人权的首要位置，在推动经济社会又好又快发展的基础上，依法保证全体社会成员平等参与、平等发展的权利。"这次大会报告把人权得到切实尊重和保障列为全面建成小康社会政治目标的事项。

在新的时代条件下，中国特色社会主义建设就是要充分保障人民在经济、政治、文化等各方面权益，保障人民当家作主的主人地位；坚定走共同富裕之路，保障财富的公平分配和发展成果共享，从而建设中国特色"以人为本"的社会主义社会。历史证明，人民群众始终是社会发展的主体力量，是历史的创造者，没有人民群众的积极参与，社会主义道路是走不远的，社会主义也就失去了人力基础。这就要求全体人民全面参与中国特色社会主义建设，相互学习、相互促进，全面建设小康社会、构建和谐社会，这是有利于每一个民族和每一个公民的伟大事业，需要我们发挥历史的主体力量，为建设科学可持续发展的人本社会而努力；也唯有如此，社会主义建设事业才能最终取得伟大的胜利。

## 三、坚持以人为本教育理念的策略

### （一）教育理念要落实到学生身上

教育理念要坚持育人为本，以学生为主体。教育理念中的以人为本就是要把学生放在首要位置。教师要关注到每一位学生，要以促进学生的发展为根本，促进学生综合素质的发展，尊重和关心到每一位学生，要让每一位学生都能发挥出自己的特长，考虑到学生的意愿和学生所想，帮助学生解决困难，充分体现以人为本的教育理念。例如，课堂中，在给学生授课时，教师要把教育的理念落实到每一位学生，站在学生的角度思考问题，把学生分成不同的层次。对待不同的学生，教师要采用不一样的教育模式。教师在课堂上要注重观察学生的表情，体现教师对教育的热爱和对学生的关心，运用适当的教学方法来解决学生的问题。这样能够调动学生的积极性，激发学生学习的兴趣。教师还要敢于让学生回答问题并解决问题，让学生适应现代社会的发展要求，把学生努力培养成社会需要的有用人才。教师要构建学生能力发展需求的结构，在学生基础课程上再增加创新的课程，促进学生的知识拓展，增加学生的课外知识，培养学生的创新能力和创新意识，从而拓宽学生的知识面，增强其实践能力。在以人为本的教育理念下，教师要激发学生对真善美的向往，从知识、能力、素质等多方面对学生的综合素质进行培养。在教育中，教师要坚持以人为本的理念，这有利于建设和谐的社会，提高人们的文化素质。

### （二）以人为本的理念要落实到教师身上

把以人为本的理念落实到教师身上就是要重视教师的发展，让教师在教育行业各显其能，发挥自己的优势。为此，我们要调动教师的积极性，发扬教师对事物的创新精神，激发教师不断地探索知识，让教师在教学中能展现自己的能力，在授课中能给学生营造学习的氛围。我们在重视教师物质需求的同时，更要重视教师的精神需求，增强教师对待教育工作的热情。以人为本的教育理念要求教师通过改变教学理念、教学方法来调动学生对学习的积极性，培养学生积极动脑及动手的能力。根据社会的发展需要，教师要增强学生对社会的认知，使其积极探索新的事物，增强分析和解决问题的能力。

# 第三节 "终身体育"的教育理念

随着人们对体育教育工作认识的加深，终身体育理念受到了社会各界人士的广泛认可，体育运动也呈上升趋势。目前的方案调整政策不仅涉及智力学科，而且还涉及课程改革中的体育教学。为了让我们的学生能有更好的体育教育，甚至高等教育机构，都必须努力促进终生体育教育，以保障大学生的健康。大学体育教学对提高学生在所有领域的技能作出了重大贡献。

## 一、终身体育的概念

"终身体育"的认识现已在全国体育教育的各个阶段得到广泛传播，但终身体育教育最重要和最需要的阶段是在大学。"终身体育"一词不仅适用于社会的全体人口，而且也适用于大多数学生的健康状况。这将对他们的学习和生活产生重大影响，并将对未来社会的建设和发展产生重大影响。因此，迫切需要大学生参加体育运动，使他们能够在整个运动过程中适应体育。此外，学生在学习和就业方面的压力已成为社会关注的一个主要问题，在帮助学生应付压力和减轻压力方面，终身体育意识发挥着重要作用。不仅在体育锻炼的能力上发展学生的身体协调和独立锻炼的能力，而且积极的体育精神和团队合作精神使学生能够保持身心健康，保持充分的体力和热情来应对学习和生活的压力。

## 二、高校体育与终身体育

### （一）高校体育与终身体育的内在联系

随着社会的进步和发展，人们的观念不断更新，认识进一步提高，人们已把体育看成生活中不可缺少的部分，是贯穿人一生始终所必需的活动，而不是仅看作人生中某个阶段的短暂活动。每一个人，都应在生命过程中的每个阶段，不断选择自身所适宜的锻炼内容，以发展或维持自身的身体健康水平。

### （二）高校体育是学校体育连接终身体育的桥梁

高校体育是学校体育的重要组成部分，也是学校体育的出口和社会体育的开始。高校体育作为学校体育的重要组成部分，是学生由学校体育向社会体育过渡的关键环节，它对学生终身体育观念的形成具有深远的影响，高校体育是学校体育的最后阶段，是广大学生生长发育和个性形成的重要时期，同时也是终身体育的关键时期。

终身体育的核心在于使体育教育贯穿于人的一生，使学前体育、学校体育、社会体育紧密衔接，以保持体育教育的统一、完整与连贯、一体化。学校体育作为终身体育的中间环节，起着承前启后的"桥梁"作用。特别是高校体育更有着显著的奠基作用。我国高校体育的根本目的是增强学生体质，为国家培养德、智、体全面发展的社会主义现代化建设的"四有"人才服务。因此，强健的体魄是大学生成才的物质基础，也是他们事业成功和精神欢乐的基础。

## 三、校园体育文化对大学生终身体育的影响

### （一）体育物质文化对大学生终身体育的影响

校园的体育物质文化主要是指学校在体育教育的发展过程中所形成的对体育教学提供的硬件发展条件，校园物质文化的建设不仅仅对于学校的体育教育提供教育的场所、设备和方式，也为校园体育文化的建设提供必要的客观物质保障。它不仅仅将学校的教育功能和教育形式发挥出应有的功能，也为校园的体育精神文化建设提供生存和发展的基础资源。校园里的一切体育硬件设备都可以作为校园体育文化建设的客观物质保障，例如体育场馆为体育文化的活动举行提供必要的场所，体育设施为体育文化建设的体育竞赛提供必要的设备，体育雕塑为体育文化建设提供环境氛围，他们本身就是一种文化现象的表现或者补充，所以这些校园的物质设备都可以称之为体育物质文化，这些校园物质文化的形成凝聚着和展示着人类的知识、思想和智慧，体现着人们的情操、价值观等。因为这些物质文化都代表着体育文化建设的内容，所以它的组成和建设都是可以通过物质条件的创设让体育文化和体育精神折射入人们的心灵，让人们在环境和条件的推动下得到潜移默化的体育熏陶，而且他们作为体育文化建设途径的依托，也可以让校园师生们的体育锻炼得到实践，所以说校园物质文化也是校园体育文化的一个重要部分，校园物质文化也就是为体育教育和文化建设提供必要设施和场所包括体育场地、器材设备等，它们是组成校园体育文化的重要部分和物质基础，他们的状况如何会直接影响校园体育文化的整体发展。

1.校园体育的体育器材多样化对大学生终身体育的影响

校园物质文化包含体育器材以及体育场地的内容，加拿大学者斯蒂芬·利

考克说："对学生真正有价值的东西是它周围的生活环境。"而对于大学生终身体育来说，创设一个良好的氛围是非常重要的，就关于体育器材来讲，体育器材的多样化可以充分地引发学生在体育课或者课余时间对于体育锻炼的兴趣。人在接受事物的习惯中总是更有兴趣吸收新鲜的事物，终身体育强调的就是终身和体育的结合，终身体育也包含体育知识、健康知识和体育技能，从自己所从事的教研经验来看，对于意识的培养乃至延续都是要从兴趣作为基本出发点，终身体育的概念里包含了终身的概念，那么这个终身的概念其实也就是一个持续的状态，如果要想保持对于体育的坚持，那么必然就需要依托多样化的体育设施来实现。通过实际教育经验对体育器材在大学生中的应用来看，在从事体育锻炼时，有体育器材的辅助会更能激发学生们运动的热情，而且以身体练习为主要手段就决定着在实施体育与健康课程时必须要以实践课为主，只有在保持兴趣的情况下又有实践来推动，才能激发学生们锻炼的热情，当然兴趣只是引导的一个侧面，真正还是需要养成一定的习惯，所以如果体育课覆盖的内容不能够丰富化，是比较难以激发学生们持续的锻炼热情，学生对于学校提供的体育器材的满意度并不高，并有 40% 以上的人员都表示在体育课中能够经常使用到自己感兴趣的体育器材作为课程的辅助工具，是会非常乐意接受体育课程教育，并会在课余时间继续从事体育锻炼。但是就目前来看，学生们对于学校提供的场地和体育器材并不满意，这样就会淡化学生对于体育锻炼的兴趣，学校只有设立多样化的体育器材，才可以满足学生们的体育接受兴趣，从而将他们的体育运动与终身相关联。

## 2. 校园体育场地的数量对提高大学终身体育的影响

体育场地主要指能够进行多种运动项目竞赛，用以训练和活动的专门场所，并且可以承接正式的运动竞赛，提供专门的运动训练和吸纳群众观看比赛的功能。如校园的硬件设施作为校园物质文化的主要表现形式，对于校园体育文化的建设是非常重要的，因为大学生终身体育意识的培养不仅仅需要思想和行为的引导，也是需要硬件物质的辅助，高校体育场地的保障可以培养大学生们的体育文化建设，培养他们终身体育意识的教学思想和行为所提供必要的场所，也是开展诸如体育竞赛、体育训练、体育教学活动等实践必要的条件，所以说体育场地的建设和数量对于大学生的终身体育意识培养来说是非常重要的物质条件。作为国有资产组成部分的高校体育场地，它的基本功能和最终目的也是为高校的体育教学进行服务。因此，对于大学生的终身体育来说，体育场地的数量也表明了体育文化氛围组建的硬件实力，从体育教师的反馈来看，对于体育场地关于教学、群体活动和训练方面的配备来看，大部分只是能够基本满足教学活动，而在群体活动和训练时还是不能满足体育教学的需求。虽然目前大部分高校都设置了体育场地，但是不同的学校可能因为客观或者主观的原因，所设立的为学生提供的体育场地的数量也是不一样的。

从实际调查来看，满足度和基本满足度刚刚超过 70% 多一点，还有三分之一的人认为学校提供的场地不能满足日常教学，导致群体活动中对场地的不满意度达到了 50% 以上。再从训练看，不满意度达到将近 40%，从以上三个调查来看，学生对群体活动的不满意度最高，这也就说明有些学生在闲暇时间就是想出去进行体育活动，但因为场地而无法进行有效的体育锻炼。所以说目前高校体育场馆数量不多，在教育系统中所占比例较低，体育场地的数量对于提高大学生终身体育的影响，其实可以分类为以下几点来进行论述。

首先，体育可以说是学校教育工作中的一个重要的组成部分，在《学校体育工作条例》里就已经明确地规定了：普通高等学校的一、二年级必须开设体育课，普通高等学校要对三年级以上的学生开设体育选修课。从这里就可以看出，体育课在大学初级教育中是一门非常重要的课程，国家进行大学体育教育的目的无非也就是提升大学生的体育锻炼强度和频率，那么学校的体育场地首先来说就需要为体育教育提供教育环境，如果大学的体育场地数量不够，那么就会缩减体育课在学校课程设置里的数量，或者说由各个班级或者年级进行轮流的体育课程设置，这必然就会影响体育课按照规定范围内进行实行，体育课的缩减就会淡化了大学生们的体育锻炼意识、时间和频率，就更别谈终身体育教育一说了。

其次，大学里的课外体育活动和体育训练与竞赛也都必须依托于体育场地，因为，体育课所起到的作用是学校引导学生进行体育锻炼的意识，但是终身体育的范畴是包含在学生们学习、生活乃至工作中的所有场景，课余的体育兴趣和锻炼意识的培养就需要课外体育活动和课余体育训练与竞赛的衬托，如果学校的体育场地数量可以满足学生们的课余需求，就可以提供充足的实践条件来帮助学生们在课余生活中培养出体育锻炼的意识，并在其他时间也积极地安排自己进行体育锻炼的行为，促进终身体育意识的形成，体育训练和竞赛也是培养专门体育人才或者体育兴趣浓厚者的有效方式，在有良好场地的情况下，学校也就更有条件充分地开展体育训练和竞赛，让参加学生和围观学生都能频繁接触学校体育活动，受到熏陶。因为体育后备人才的增加对于有体育兴趣者和实施度是高于一般人群的，所以说他们会更加突出地表现出对于终身体育意识

的认可和自身价值，但是要促进高水平运动队出成绩，客观上必须依靠与时俱进的体育物质环境载体的支撑。体育场地数量的增加与他们的体育锻炼频率和意识是密切相关的，如果他们能够获得足够数量的体育运动场所，是会对他们自身的终身体育意识起到很大的推动作用的。所以说体育场地是发展终身体育意识的重要因素之一。无论是在体育培训、全民健身，还是体育竞赛表演等终身体育意识培养的方式中都要依托体育场地的数量来完成体育教育的任务。

### （二）校园体育规则对大学生终身体育意识的影响

校园体育规制主要是指校园对于体育实施的管理和举措，也即是体育的组织形态和制度安排。

#### 1. 校园体育组织形态安排对大学生终身体育的影响

校园的体育组织形态包括教学组织形式和体育竞赛组织。从校园体育组织形态对于大学生终身体育的影响来看，因为我国大学生的年龄段基本在 18—24 岁之间，在这个时期的大学生，身体的发育已经达到了成人水平，技能发育和脑结构也都已经成熟，他们不仅仅能够在学校和老师的有效指导下从事比较激烈对抗和繁重的体育教学和竞赛活动，也可以比较全面和成熟的来按照教师和教学计划的要求来进行体育知识和技能的学习，所以如果学校能够进此多样化、灵活化和个别化的体制安排显然可以最大限度地发掘大学生们潜在机能能力，从而提高他们的体育素质和身体素质，让他们逐渐培养并具备终身体育的意识。

大学生的体育活动大多都是以自由活动和以班级为单位的教学形式为主，其他形式的体育组织活动仅仅只占到 8%，所以说在大学体育班级的授课机制仍然是基本的教学组织形式安排，还是比较单一，这样是不符合灵活多样教学形式的要求，所以现在的体育教学组织形式是应该向多样化和综合化的方向发展。因为对于终身体育来说，终身体育的培养是通过教学组织形式来达成，就目前的高校教学组织形式来看，很多高校都存在着体育俱乐部并以专项课相结合的形式，就此调查了以体育俱乐部专项课形式接受体育教育的学生，他们都表示非常乐意接受这样的教学组织方式，因为这样的教学时间充分，拥有比较大的自由选择空间。这种形式可以说是取得了一定的成功，教师在这种教学组织形式中不再是学习的实施者，而成了学习的参与者，学生在体育的教学内容和教学方法上都有充分的发言权，在这种情况下，学生体育活动的积极性和主动性可以被充分提高，教师也在体育活动的过程中，由原来的主导者变成了学生体育活动的引导者和服务者。这样对于学生终身体育意识的形成具有很好的促进作用。而传统的授课制形式因为是固定的课堂模式，但是学生们的体育知识和认知有所差别，这样不利于形成具有优势体育倾向的活动项目和知识的发展，从而削弱大学生们对于体育的主观性和积极性，当然也就不利于体育知识的接受、体育习惯的养成和终身体育意识的形成。

2. 校园体育制度建设对大学生终身体育的影响

校园体育制度安排主要是指体育制度的各模块如何形成有效的合力，形成上下统一、左右衔接的校园体育制度形式。体育制度安排包括制度安排和制度保障。在制度安排上，现在国家颁布的有《中华人民共和国体育法》《全民健身计划纲要》《学校体育工作条例》《大学生体育合格标准》《全国普通高校体育课程教学指导纲要》等相关文件，新制度经济学提出的"适应效率"可能与达尔文的"物竞天择，适者生存"观念有一定关系。检验一种制度是否有效，首先要看这种制度是否给组织带来了适应效率。否则就是无效的制度。制定制度的主要目的不是约束，而是鼓励创新。分权决策，允许试验，鼓励发展和利用特殊知识，积极探索解决问题的各种途径。简单地说，有效制度应该为组织提供一种创新机制（或氛围）。

学生对于学校体育制度保障的满意度，大部分的学生和老师都基本满意或者满意学校体育制度的保障，体育教师相较于学生对学校的体育制度保障满意度更高，这也与教师更加了解学校的体育制度有关系。现在各个高校都在积极的实行各项体育教育制度，也根据国家的体育制度基础上制定了各自的体育教学制度，例如《高校体育管理制度》《高校体育部教职工综合管理制度及考核办法》《高校体育部干部、教职工考核办法》《高校体育部岗位业绩酬金实施方案》等一系列规章制度，以期为大学生的体育教育提供更好的教学指导，这些制度对于高校的体育教学也确实起到了不错的效果，完善了高校的体育建设。而且良好的制度保障不仅能够监督和加强高校的体育教育活动，而且也能让大学生们的终身体育意识得到更好的指导，因为体育教学的内容包含的内容很多，而且也涉及课外和课内两个方面，如果能有健全的制度来保障大学生们的体育教育显然对于大学生的终身体育意识是有着很大的作用，因为良好的体育制度安排可以监督和规范教师们的教学资质、教学能力和教学行为，也能为教师和学生提供体育教育的标准参考，除此之外，制度保障也是一个很重要的方面，因为通过制度保障，学生们可以通过教师们有组织有记录的教学和学习，内化为自身的规范意识，进而保障了体育教学的运行，也让学生得到更加良好的教育。

制度保障也包括体育教学的奖惩，这些奖惩措施可以针对学生，也可以针对教师，从教学上来讲，激励措施是可以很好地激发学习的成效，而在体育教学制度上有完善的奖惩机制，可以激发教师和学生们更好地进行体育教学内容和活动，从行为上养成意识上的重视，从而引发终身体育的意识和行为。

### （三）校园体育文化对大学生终身体育的影响

#### 1.校园体育理论知识基础程度

从大学生们希望获得的体育知识来看，绝大部分大学生希望获得的是健康知识，而且从大学生的授课方式来看，绝大部分也是室外课，从某种方面来说大学生们的健康知识教育还是不够，健康知识也是体育文化知识的重要方面，体育与健康的常识包括：运行常识、运动卫生常识、运动损伤与预防、营养知识、健身理论、健康知识、自我保健和健身方法等。如果对于体育文化知识了解得越多，就会越深刻地体会到体育的重要性，也就会更加积极主动地去培养终身体育的意识，因为他们可以更加科学地指导人们的体育锻炼，并且具备良好的体育卫生习惯和保健知识。学校的体育教学就应该以学生从事终身体育奠定良好的基础为目标，让学生具有正确、科学的健康观念和体育观念，是可以为今后参与科学体育锻炼养成良好的生活习惯和运动技能，并最终具有终身体育意识和行为。所以说，校园体育文化知识的多少是与大学生们的终身体育意识强弱相符的。

体育教师可以说是学校体育工作的组织者和实施者，体育教师的知识传授是开展校园体育文化活动的中坚力量，大学的体育课设置按照国家规定，在普通高等院校的一、二年级为必修课，对于大学课程的设置架构来看，体育课所占的比重还是不小的，那么校园教师的知识传授对于大学生的终身体育有着怎样的影响呢。笔者在一个班级正在实施的进行实地访谈中，分别观察了两个班级的体育课实施情况，两个班级的人数都是 30 个人，一个班级来上课的人员是 30 人，但是另一个班级来上课的人员只有 28 个人，然后笔者分别询问了两个班级上课的学生，人数缺少的班级同学谈到，他们的体育老师上课没有意思，基本上大部分时间都是自由活动，所以会有些同学在自由活动期间没有上课，去做其他事情。而另一个没有缺席的班级同学反映，他们的体育老师知识很丰富，经常在体育课程时会给他们传授一些新的体育知识，比如羽毛球的打球规制、体育紧急情况的处理等，而且还经常在闲暇时间组织课外体育活动，所以同学们都很乐意来上体育课。从实地调查经验以及过往的文献研究和教学经验了解到，老师的教学水平和学生的知识接受是成正比的，而如果学生都没有按时参加学校设置的必修体育课程，就更难以达到更加深层次的将终身和体育关联起来的终身体育意识了。因为终身体育要求学生将体育知识和技能的掌握贯彻到自己以后生活的方方面面，包括情感、行为、兴趣等，如果大学生们掌握的基本体育知识水平低，当然就别谈养成习惯，乃至终身体育的想法。所以说体育老师的体育知识、能力、兴趣、爱好、个性、专业、特长等都会对学生产生深刻的影响。体育老师如果有着丰富健全的体育知识，具有教学魅力，以及充盈的智慧和个性才能把体育课和体育活动开展得丰富多彩，才能将体育精神贯彻到自己的教学内容中，让学生们被他的体育知识和精神所感染而不自觉地爱上体育活动，从而积极地参加到体育文化建设中去，最终达到全校良好的体育文化氛围，培养学生的终身体育意识。

2. 校园体育价值观对大学生终身体育的影响

体育文化价值观主要是指学生们对于体育文化的价值理解以及通过体育活动所影响的人格。奥尔波特以七条准则衡量健康的人格，这其中包括了注重并真正参与某些活动；对父母、朋友等具有显示爱的潜质；有坚定的价值观和道德心。有安全感；可以胜任自我所承担的工作；可以客观地看待世界；客观地认识自我。

大部分的学生都认同体育运动对于身体、性格和生活能力方面的作用。所以说在建设校园体育文化中所举办的体育活动、体育竞赛和体育锻炼等方式是可以让学生在参与的过程中培养出和谐的人际关系、积极向上的精神、团结合作的精神，坚持的意志和和谐的人际关系等，而且通过体育竞技的过程能让学生们充分地认识到克服困难而最终达到目标所得到的那种喜悦的感受，这些都能建构出学生良好的品质和乐观向上的精神面貌，推动学生健全的人格建立，真切地体会到体育教学活动所带给自己的改变，从而认识到体育带给自己的作用，进而深刻地理解体育文化，热爱体育文化，所以校园体育文化价值观的建立，可以推动学生形成自己独立而健全的人格、良好的品质和坚强的意志，这些在当代社会是一种非常有价值的人格体现，也会为自己的学习和生活带来很多的益处，而且如果在高校体育教学中，高效的体育教学中再辅以实施分层教学法和选课制，让学生可以依据自身的实际状况选择学习和活动内容，可以更加激励学生的参与意志和人格培养，可以让学生的自主性得以最大限度的发挥，让学生在体育对自己的价值观念建立中的作用更加突出，这样更加有利于终身体育人格的培养。

## 四、高校体育教学与学生终身体育意识培养

### （一）建立全面的教学模式

高等教育机构推出了先进的教学模式，强调使体育课的教学合理化。高等教育机构的体育教授必须确定适当的教育目标和概念，并帮助建立一个正常的教育模式。体育教授必须努力使体育教学大纲的组织合理化，并最终促进我国学生的终身体育培训。为了确保学生有机会参加体育运动和体育理论，可以看出，知识的发展应侧重于促进高等教育机构的体育教育。

### （二）进一步改革体育方案

精简高等教育机构体育教学的组织和课堂教学时间，使体育教授有足够的准备时间，从而改善了学生体育理论的培训，使学生能够更好地掌握体育理论。让他们清楚地了解体育运动给他们自己带来的意外好处。特别是由于体育老师的勤奋教学，学生们感到比其他人更乐观，不管他们是日常在高等学校学习，还是将来在生活中工作。学生始终致力于体育运动，从而实现健康的基本目标，成为一个完整的人，并在我们社会的发展中发挥根本作用。

### （三）激发大学生对体育的兴趣

根据不完全的统计数据，我国许多人在毕业后仍然参加体育活动，这主要是由于对体育本身的相对重视。高等教育机构体育教授可以根据这些特点思考和设计教学大纲，从而使高等教育机构体育教授能够集中关注学生的兴趣和爱好。在实践教育活动中，高等教育机构的体育教授必须改变目前独特的体育教学模式。

# 第四章　校园体育教育内容的改革

随着经济的发展，我国对于人才的重视程度不断提高，而良好的身体素质也成为衡量人才的标准之一。在这样的背景下，高校体育教育内容也不断地进行改革，来适应当下社会对于高水平人才的需求。体育教育改革是关键，教学质量也是重中之重，教学水平的高低直接影响教学目标能否实现和实现目标的速度。本章分为体育教程概说、体育教育内容的编排和选择、体育教育内容的发展与改革三部分。主要内容包括：体育教育专业课程内容存在的问题、体育教育内容的编排、体育教育内容的选择、体育教育内容存在的问题、体育教育内容的改革等方面。

## 第一节　体育课程概说

### 一、体育课程的定义

国内关于体育课程主要有以下三种定义。

①体育课程是学校教育体系中的一种课程。人们常说的德育体美劳，指的就是德育课程、智育课程、体育课程、美育课程、劳动教育课程。这五大课程与文化课程共同组成了学校的教育课程体系，在教学过程中，这些课程是相互配合的关系，最终的教育目的都是为社会培养更多的全面发展的学生。

②体育课程是学校整个教学计划中一部分，并不是一门单独的课程，它的存在形式是学校中有组织、有计划地进行的体育活动。

③体育课程是学校为了实现学生全面身心发展的教育目标，而进行的一种能增强学生身体素质的一种课程。

关于体育课程的定义，虽然有很多种看法，但可以总结为体育课程是根据学校的教育目标而制定的一系列可行的体育活动计划，最重要的目的是帮助学

生在学习文化和品德培养的同时，也能锻炼身体，增强体质。

## 二、体育课程的实施步骤

### （一）课前指导，心理预备

在体育课程开始之前，体育教师应当做好上课准备工作，可以在课间和同学交流的时候，预先告知本堂课的上课内容，对此内容做一个大致的讲解示范，让学生对知识点有一个宏观的把握。尤其对于女学生，体育教师在教学过程中仔细观察她们的行为，多与她们沟通，了解女学生的生理心理特点，对于其中一些对体育课排斥的女同学要耐心沟通、讲解，消除她们对体育课的恐惧和拒绝心理。

### （二）体育教学，讲解示范

体育课程是一门全身参与的科目，在教学中势必会要求学生动作规范协调，集体整齐一致，而讲解示范是体育教师最主要的教学方式和方法。体育教师应当细化教学目标，将教学内容分成若干子目，再将子目细化为具体的小步骤，循序渐进，由分散到整体，之后采取团队合作、小组学习、自主探究联系等多种学习方式让学生熟练教学内容。

### （三）和谐师生关系，融洽学习环境氛围

在教学过程中的各个环节都是教师和学生共同构筑的，和谐的师生关系会促进教学质量的提升。体育课堂上体育教师应当以学生为本，时刻保证学生安全，在讲解示范动作要领时要耐心细心，语言亲切柔和，切勿急躁暴戾，课程中教师可以借助音乐调节气氛保证整个教学环境友爱和善、温馨舒缓。对于学得好、学得快的学生要及时表扬、给予奖励，对于学习能力相对较弱的学生，教师要给予充分的肯定和鼓励，单独讲解和示范，使全体学生得到成长和发展。

### （四）丰富课后作业，善用现代教学技术

体育课程课时很少，体育教师如果要更大程度地培养学生的体育素养，就要将体育课从学校拓展到课外。体育教师可以给学生布置相关的课后作业，比如要求学生参照自身的喜好自学某一运动项目或某一项目的某一片段，之后组织学生间进行自学项目的友谊赛，记入学生体育学习的成长档案。现代教育技术使教学走出课堂、走出学校，体育教师可以根据学校和学生的条件，采用微课和翻转课堂等多种教学形式，让学生自学或者温习巩固课堂所学内容，激发

学生体育学习的热情和兴趣。

## 三、体育课程改革的重要性

高校体育课程对于促进学生的身心健康发展具有重大的意义，更好、更全面地实施素质教育离不开高校体育课程的作用。高校通过体育课的开展，可以使学生积极地参与到体育运动中来，增强学生们的体质，还可以使学生们在体育运动中感受到快乐，从而培养学生们的体育兴趣，使学生获得健康的体魄，将学生培养成"为国家健康工作五十年"的人才。然而，目前我国高校公共体育课程的内容和实行方面依然有所欠缺，亟待完善，以期经过改革，高校能更好地完成增强青少年健康意识、培养青少年健康体魄的工作任务。

当今世界科技和经济迅猛发展，通过学校体育教育，将我国青少年培养成科学文化知识、身体素质和心理素质全方面发展的优质人才，是学校体育教育的重要任务。然而，目前体育教育观念相对滞后的状况，使得体育课程过于模式化，不能很好地完成提高学生进行体育锻炼的兴趣、改善学生健康状况、增强体质的教学目标。在这种情况下，进行课程改革，是高校目前亟待进行的重要举措。

我国高校体育课程仍存在不足的地方，在对体育课内容和实践的革新上，要始终围绕"健康第一"的教育教学理念，从引导学生的体育锻炼兴趣方面着手，帮助学生牢固树立终身体育的意识；在教师"教"的引导下，更好地突出学生的"学"。同时高校要以本校的实际情况如场地器材、师资力量等为基础，扩充和丰富体育课程内容，贯彻"三自主"的原则，能够使学生在课程上有更多的选择性，发挥学生的自主性，实现体育课程的教学目标。

## 四、体育课程改革的现状及对策

### （一）体育课程改革存在的问题

#### 1.体育课程目标设置不包含学生后续发展

绝大多数的高校给学生安排体育课程的目标是锻炼学生的身体素质、增强学生的身体健康水平、锻炼学生的体育技能。随着时代和社会的发展，这种目标已不能满足学生们的需求，当今学生们的需求是比较关注自身的持续性发展、对社会的适应性程度和体育对心里的调节作用，而学生们的实际心理需求往往是被忽略的。

### 2.高校体育课程内容建设发展不均衡

一些高校在开展体育课程的过程中也尽可能地向多元化、多样化发展，因此引进了一些极具健身性、趣味性以及教育性的体育课程，这些课程受到了学生们热情的欢迎，促使学生们广泛地投入到体育课程中来。高校体育课程改革取得了很大的成功，然而在体育课程内容地建设上，仍然有很多不足之处，例如不能把中国传统文化、地域特色与体育课程相融合。此外，一些在国际上非常受欢迎的体育项目虽然受到学生们的热情追逐，但由于设置的课程较少，不能满足学生们的需求。

### 3.体育器材和基础设施不完善

我国高校的体育器材明显处于数量不足、质量不过关的状态。由于我国高校招生的学生数量在逐年增加，而原来的体育设施场地并没有很好地扩建，这就导致了体育设施资源紧缺，不能满足学生们的需求；其次，高校的体育设施管理制度、监督机制并不完善，这就使我们的监管制度没有发挥出应有的作用；最后，管理人员没有树立科学地管理体育器材的观念，在设备维护的时候缺少专业性。

### 4.教学方法和教学手段单一化

教学方法和教学手段老化、单一化仍然是大多数高校体育课程教学的通病，虽然高校在着力改革体育课程，但教师在教学中还是以讲述教学为主，缺少创新的教学方法；同时在教学的过程之中，教师还是起主导作用，这样就忽视了学生的主体作用，学生的课堂感受被压抑；另外，教师在上课的时候过度重视教学内容的教授，不关注学生体育课程知识的掌握。

### 5.体育课程理论与实践课程比例不协调

我国绝大多数的高校对体育理论是非常重视的，而且在体育课程的改革中增加了较多的理论课，根据实际情况看，当今高校的体育理论课程占总体体育课程的比例是很少的。另外，教师在授课的过程中，过于重视体育实践，忽视体育理论课程，有的教师甚至认为体育理论课程可有可无，这种做法是十分错误的，因为如果没有理论的指导，体育实践也会变得黯然失色。

## （二）体育课程改革面临问题的应对策略

### 1.注重学生的个性发展

我国高校体育教育要重视学生的个性发展，在个性与技能之间找到平衡点，我国高校体育教育的目标就是要把学生培养成能够适应社会发展、社会变革的人才，让学生在学习基础知识的同时，创造更多的可能性。

高校的体育课程要保障体育知识的连贯性，在既有的学习特长的基础上制定教学的目标和重点内容，以此促进学生的个性发展。促进学生个性发展需要注意两个方面：首先，根据学生所学专业的不同，制定出相应的学习计划，让学习计划和专业相融合，有力地促进学生们的后续发展；其次，高校要起到正确的引导作用，根据学生的兴趣爱好，锻炼学生的运动能力，让学生们在就业后学有所成。

2. 积极开发利用体育课程资源

我国拥有众多的民族体育项目，但这些民族体育项目并没有成为主流体育项目，其实造成现在局面的原因有很多种。高校可以深度挖掘这些民族体育项目，想办法加以创新和改良，把民族体育项目深度融合到高校体育课程之中，让更多的学生爱上民族体育项目，这样不仅能让学生了解我们的民族文化，也能使我国的民族文化发扬光大；其次，高校可以把这些民族体育项目进行改造升级，减少它的竞技因素，增加它的趣味性，让学生更容易接受，积极地投入到这项运动中来；高校还可以运用网络资源进行信息化教学，教师也要积极地寻找和开发优质的体育课程资源。

3. 建立健全体育课程评价体系

体育课程评价体系是高校体育教学管理中非常重要的部分，大部分高校在进行体育教学评价时，是以学生掌握体育技能的程度来作为判断依据，总体来说，这样的评价显然过于单一，所以高校要建立健全的评价体系，评价的内容包括学生学习的态度、兴趣、动机以及状态方面，除了要考核学生技能之外，还应重视学生的心理需求。高校教师要引导学生运用体育课程磨炼自己的毅力和认清自己的爱好，通过建立健全评价体系让它更具有公平性。

4. 提升高校体育教师队伍师资水平

高校体育教师的教学水平对体育课程的改革具有非常重要的作用，开展体育课程改革离不开教师的支持，教师们也要加强自身危机意识，保持学习的热情，积极吸收先进的文化理念和教学方法，主动参与到科学研究中去。高校还可以采用校内外相结合的培训模式，把本校优秀的教师派驻到体育改革效果较好的学校去学习和交流，期满之后，把交流的经验和学到的知识带回学校并传授给其他的教师，然后结合本校的实际情况将好的成果运用到体育课程改革中，

从而很大地激发学生学习体育课程的热情和兴趣。

5.建立具有中国特色的高校体育课程

改革开放以来，我国的体育事业蓬勃发展，但体育理念和体育训练方式一直受国外体育理念的影响，没有形成自己的体育发展理念。随着我国经济的发展和国际社会地位的提高，我国人民迫切要求要找到适合本国国情发展的体育道路，这就急需制定出符合中国特色的体育课程，拥有中国特色的体育课程是中国体育教育走在世界前列的体现，我们还是要根据自身实际特点，设计出具有中国特色的高校体育课程，找出真正属于我国的体育道路。

6.将体育课程目标与学生未来发展相结合

高校在设置体育课程目标时要全面地考虑到学生的发展，不仅要关注学生的身体素质健康和长期锻炼意识的积累，还要关注学生们进入社会和未来的发展的需求。通俗来讲，就是在学习这个体育课程以后，能为学生产生经济效益。还有，高校在选择体育课程的时候要尽量为学生未来的发展做好铺垫，课程目标要与体育知识相契合。

7.重视理论课程在整体课程结构中的比例

整体来看，我国高校体育理论课程的占比是少于体育实践课程占比的，因此，高校要增加体育理论课程在体育课程中的比例，具体的做法是增加体育理论课程的课时，保证理论课程与实际课程的平衡。高校可以安排教师以讲座的形式进行授课，这样不仅不会影响实践课程的安排，还会保障理论课程的课时，既可以提高学习效率，又可以巩固实践课程。

# 第二节　体育教育内容的编排与选择

## 一、体育教育内容的编排

### （一）体育教育内容的编排方式

体育教育内容的编排方式并不是不计其数重复的模式，不计其数的重复模式是指同样的体育教育内容会循环重复出现，比如是以课、单元、学期、学年为单位计量的，例如这节体育课的内容是测一百米，下节体育课还是测一百米，那么这就是以课为单位循环，同样，单元、学期、学年都是这样循环。体育教育内容的编排可以划分为四个层次，并且每个层次也会有一个与之对应的编排方式。

①"精学类"教学内容充实螺旋式；

②"粗学类"教学内容充实直线式；

③"介绍类"教学内容—单薄直线式；

④"锻炼类"教学内容单薄螺旋式。

在日常体育教学过程中，体育教育内容的编排主要是这两种方式：螺旋式和直线式。每种编排方式都具有自己的特点，学校会根据不同的教育目标，而采取不同的编排方式。螺旋式是指一项体育运动项目的教学内容不止一次被教师搬到过课堂上，教师同时在学校的不同年级都讲过这门课程，这种方法的影响就是量变可以引起质变，能慢慢地提升教学的质量。直线式和螺旋式是截然相反的两种方式，它是指一样的体育教学内容不会在课堂上出现两次，它能根据实际情况进行内容的编排，还添加了独特的创意。

## （二）体育教育内容编排的注意事项

在教学内容的编排中，需要加以衡量注意的事项具体可归纳为以下两大方面。

### 1. 要充分结合学生的实际情况进行考虑

体育教育内容的编排一定要以学生为核心，因为高校体育教学的对象是学生，学生是体育教学内容的主体，所以高校在教学内容的编排过程中要特别注重学生的需求和实际情况，体育教师不能单独地判断体育运动项目的难易程度，要结合学生的身体素质、运动基础等方面因素，编排出一套符合学生需求的体育教育内容。

### 2. 要考虑不同的体育运动和身体练习的特征

关于在体育教育内容战略布局上，高校要重视各项体育运动技能的改良、创新、整合、运用。尤其是教师不要把教授理论知识作为教学的终极目标，要在授课的过程中教会学生明白其中的内涵，尝试将体育知识灵活运用到生活中去。

## 二、体育教育内容的选择

### （一）体育教育内容选择的依据

体育教育内容的选择要结合学校真实的教学情况，不能脱离实际，有一定的依据，主要有以下四大依据。

1. 按照体育课程目标进行选择

体育课程内容是一种手段，每个体育课程内容都有它们与之对应的目标，课程目标是教学内容选择的依据，选取教学内容一定要依照教学目标进行选取，体育课程目标是非常多元化的，它也具有非常丰富的代表性，由于体育课程和体育锻炼逐渐被其他的体育形式所代替，所以体育课程内容选取方面应该更加灵活，不局限于单一内容。

2. 按照社会发展的需要进行选择

高校在选取体育教育内容的时候，要考虑这个内容是否符合社会发展需求，学生作为社会的主体，会随社会的发展而发展，因此，高校在选择体育教学内容时，要着重考虑社会因素，学生和社会是息息相关的，学生从校园毕业后要进入到社会就业，如果从学校学习的体育课程能在就业时发挥重要的作用，这对学生来说，也是一种鼓励，只有这样，教学内容才能发挥它应有的作用。

3. 按照体育教学素材的特性进行选择

体育教学素材对于教学内容的选择也是十分重要的，体育素材的主要特点主要表现在以下四个方面。

①内在逻辑关系性不强。我国编订的体育教学素材最大的缺点是内容的逻辑性不强，素材内容无法流畅连接，这对体育教学内容的编排产生了一定的影响。所以，一般情况下，体育教学内容的编排都以运动项目为划分依据。

②具有"一项多能"和"多项一能"的特点。"一项多能"指学会了一个体育运动项目，可以达到多种目的，沙滩排球就是这种运动，它既可以锻炼身体，又极具有观赏性。"多项一能"指运动方式的同一性，比如，学会跳高这项体育运动，也可以学习跳远这项运动，它的性质是相似的，也就是说，学习单独的一个运动项目能产生连带结果，有好多项目都是这样，但是也存在一个缺点，就是教学内容没有特定的规定性。

③数量庞大。由于我国的体育教学素材太多太杂，致使教学内容也非常繁杂，在一定程度上给授课老师带来了消极影响，不知道该如何选择教学素材。

体育教师不是全能的，不一定能做到对所有的体育内容都了解并掌握，每个人有自己的极限，体育课程的设计人员也是如此，只能根据各地区的实际情况设计体育课程。

④不同项目乐趣的关注点不同。体育运动项目是为人们能更有趣地生活而设计的，每个体育运动项目都会给人们带来不同的快乐体验，这是体育运动项目存在的原因，体育运动项目也会给体育运动改革增添浓重的一笔。

4. 按照学生需要及身心发展规律进行选择

教师在教学的过程中不能只注重教学的结果，还要注重学生的需求，学生几乎都会选择兴趣比较广泛的体育课程，选择有兴趣的课程能让学生全身心地投入进去，并且不会觉得无聊，因为那是学生想做的事情，结果就是学习的效率会大大的提升，这是学生们没有想到的，尽管学生们选择的都是自己感兴趣的体育课程，但实际他们参与的热情并不高，主要原因是体育课程的内容比较死板、无趣，没有灵活性，所以高校在设计体育教学内容的时候一定要根据学生的需求选择教学内容。

## （二）体育教育内容选择的原则

体育教育内容选择单一的参考依据是不行的，同样还要遵循以下五大原则。

### 1. 科学性原则

选择体育教育内容的第一步就是要尊重科学，只有尊重科学，体育教育内容选择才能从实际出发，从而促进社会的发展和学生的心理健康以及身体素质的提升。

### 2. 趣味性原则

一个人想做一件事的原因是这个人从内心想做这件事，兴趣起着决定性的作用，同样，参与体育运动项目也是一样的道理，如果学生们爱好这项运动，他们就会积极参与其中，乐此不疲，并且心态是放松的。教学内容也应看重学习的兴趣，选择学生感兴趣的、受欢迎程度比较高的教学内容。教师在日常的教学过程中也要注重教学的全面性、灵活性，不要像培养专业运动员一样要求学生们，这样会产生抵触情绪，使学生不再喜欢上体育课。

### 3. 教育性原则

考量体育教育内容好坏的标准是它是否具备教育性，如果一本教材都不适合教学，那它也不能对社会产生积极的影响，也会危害学生的身心健康。

### 4.实效性原则

高校在选择体育教学教材的时候要考虑教材的实用性问题，使用这本教材产生的影响是非常重要的考虑因素，比如，这本教材是否有利于学生的身心健康，使用起来是否简单易懂。除此之外，教材内容也要与时俱进，跟上社会发展的步伐，在教材中增加趣味内容是很值得提倡的，这样能吸引学生的注意力和专注度，让学生们专心学习一项体育运动，还要把教材打造成学生终身受益的教材，为学生快乐学体育、健康学体育创造条件。

### 5.民族性与世界性相结合的原则

近些年，随着体育地位的提升，体育成就也越来越多，国体育本着不排外的思想发展自己的体育道路，去其糟粕取其精华，保留自己民族文化的特色，积极学习西方先进文化思想，民族体育教育内容适时而选，更多的体现我国特有体育教学内容，将民族性与世界性相结合。

## （三）体育教育内容选择的过程

体育教育内容的选择是一个非常繁杂且重要的工作，除了需要参照相关依据，遵守原则外，工作的开展也有相应的规范流程，主要有以下四大程序。

### 1.对体育素材的价值进行分析评估

体育教材直接应用于学生，所以在对体育教学素材选择的时候要综合考虑其价值，是否对社会、学生都能产生积极的意义。

### 2.对运动项目与练习进行充分整合

教师在进行体育教学时，可以观察不同的体育运动项目和体育锻炼会对学生产生的影响，这也为选择体育内容时提供了思路，可以把体育项目与身体锻炼进行结合，让这种思路成为体育内容，体育项目从而激发学生的身体机制，促进学校教育目标的实施。

### 3.选择的体育运动项目要有效

每个体育项目都是可以当教学素材的，它们之间有很强的代替性，这也决定了教材选择具有多元化的特点，教师们想要教授全部体育项目较为困难，学生们想要学完所有的体育项目也是不可能的，这样就对教材选择提出了更高的要求，要根据不同时期、不同教学阶段学生的特点选择具有针对性的教材。

### 4.对所选内容进行可行性分析

确定好教育内容后，教育内容的顺利实施是我们所考虑的问题，就是说还要检验教材是否可行，因为我国的地理环境分布不同，有高山、有平地，哪些地方可以安装体育设备，哪些地方不可以安装体育设备，哪些地方会受气候、环境的影响，这些都是要考虑的问题。

# 第三节　体育教育内容的发展与改革

## 一、体育教育内容的发展

### （一）体育教育内容的发展现状

#### 1. 体育教育内容杂乱

综观我国当前的教学现状，我们不难发现，体育教学内容十分厚重且多样，表面上看，好像是为了更好地促进学生的全方位发展，实则不然，如此繁多的教学内容要在有限的课时内讲授完毕可能性并不大，就算是讲授完毕，学生掌握的效果也不会理想，他们只能对浅表层面的理论有所了解，并没有很好地掌握深层次的知识。

#### 2. 体育教育内容文化知识含量少

高校体育教学内容涵盖了奥运、体育人文、体育文化等方面的内容。然而实质上，符合学生的理论体系缺乏完整性和系统性，有的内容也并没有添加到实际的教学中，另外，教学内容没有针对性，实用性也比较差，在一定程度上影响了学生的学习和认知。

#### 3. 体育教育内容过于陈旧和单一

一直以来，我们国家的体育教学总是关注教学体系的系统性和完整性，对富有时代特征的内容并没有给予关注，这样一来，运动项目以及相关知识就有些陈旧，没有与时代的发展相适应，学生自然而然就会感到无聊，缺乏兴致。虽然高校在目前的教学内容中添加了一些娱乐性的元素，但是教育理念仍然很陈旧，并没有从根本上放开和做出改变，教师也很难进行教学内容的重新选择，所以，学生们一直没有机会学习自己热衷的、喜爱的教学内容。

## （二）体育教育内容的发展趋势

### 1. 对终身体育目标的要求进行充分衡量

高校的大学生们一直都有终身体育的观念，他们既然学了这项体育运动项目技能，就非常希望在走出校园的时候也能够运用这项体育技能，所以学生们很愿意学习并刻苦训练，因此，高校的体育教育内容要真实关切体育精神、身体锻炼、趣味性方面的内容。

### 2. 更加注重体育运动的规律性

前些年，体育教育内容是以体育运动项目为逻辑关系的，但是，每个体育项目之间并没有逻辑关系，这种方法是不科学的，应该禁止使用。高校在教学内容的选择上要严谨对待，尊重事实客观规律，此外，也要结合实际情况尊重学生们的想法、爱好等，还有每个高校都有不同年龄、年级的学生，在选择教学内容的时候要注意差别化特性。

### 3. 学生价值主体受到的重视程度越来越高

高校在选择体育教学内容时，需要大量人力、物力和财力的支持，体育教学内容的选择是一项非常艰巨的任务，不是简简单单就能完成的，限制的因素非常多，所以每一个方面都要仔细思考、掂量。以前高校非常侧重教师教学，但随着体育教学改革的大潮，现在高校已经转变思维模式，更加重视学生对教学内容的理解程度。

### 4. 更加注重教学主体发展的全面性

传统的体育教学思想和形式可以理解为是一种体能课程，因为它把所有的关注点都放在学生的跑、跳等身体体能层面。在国家推行教学改革之后，素质教育被提上日程，学校承担着学生素质全面发展的重任。所以，在教学内容选择中，高校更要注重学生的全面发展。

### 5. 不断引进民族特色项目

一般情况下，学生更喜爱有趣和新颖的体育活动。所以，高校在选择和确定体育课程内容时，还要注意一些体育项目的创新、改革和发展。此外，中国多民族的特点决定了各民族都有优秀的民族特色体育项目，这些民族体育项目有自己的特点和良好的使用价值，高校在选择体育内容时可以适当地引进它们。

## 二、体育教育内容改革的必要性与措施

我国社会在不断发展和进步，社会对于人才的要求不断提高，只有全面发展的复合型人才，才能够满足当前社会发展的需求。高校是社会人才的孵化器，在当前社会环境下，高校必须要强化人才培养质量，促进学生全面发展，强化学生身体素质，并养成终身体育锻炼的发展目标。能否高质量地实施高校体育教学内容改革已经成为当前高校体育教育管理的关键，接下来将针对高校体育教学内容改革的必要性以及相关措施进行详细分析。

在素质教育的引领下，当前高校体育教学内容呈现出多样化趋势，大部分高校开设了"球类、武术、健美操、游泳"等诸多类型的课程内容。虽然很多高校有意实施高校体育教学内容改革，但是在改革的过程中往往存在诸多困难，受到人力、物力、财力的影响因素较多，甚至开课时会出现气候条件不允许、室内场地紧张、教师教学方式单一等诸多问题，因此实施高校体育教学内容改革势在必行。

### （一）体育教育内容改革的必要性

#### 1. 有利于促进学生的全面发展

素质教育工作最为核心的内容便是"促进学生全面发展"，当前社会对人才的需求十分急切，高校应该认识到人才培养的重要性，不仅要让学生具备在社会上生根立足的知识技术，而且还要让学生增强体魄，促进学生全面发展。传统高校体育教学内容较为陈旧，很难与当前学生实际情况结合，无法调动起学生体育锻炼的积极性，甚至很多学生对体育活动产生了抵触、反感情绪。高校要进行体育教学内容改革，可以结合不同学生的兴趣，设置出具备趣味性、时尚性的体育教学课程，全面调动起学生参与体育活动、体育课程的积极性。在学生掌握一定的体育锻炼技能和体育锻炼方法以后，学生便可以循序渐进、更深层次地学习了解相关体育锻炼方法，养成终身体育锻炼意识，得到全面发展。

#### 2. 有利于构建高校特色体育课程

随着我国社会不断的发展和进步，人们生活水平不断的提升，父母对于孩子的培养非常注重。在党和政府的引领下，为了让社会上更多的人受到高质量教育，很多高校都实施了扩招政策，从而使高校就业市场竞争日渐激烈。高校想要强化体育教学的综合质量、展现出高的教学水平，就应该从体育教学内容

改革出发，构建出广大学生喜闻乐见、独具特色的体育教学改革内容。结合高校教学教育战略要求，制定出符合高校战略发展的改革机制、构建出独具特色的高校特色体育课程。全面贯彻"以人为本"的观念，制订出符合人才发展的特色体育课程，全面强化高校课程体系综合管理水平，提升高校教学教育综合竞争力。

### （二）体育教育内容改革的措施

#### 1. 设置多样化的教学课程

高校体育教学内容改革最关键的是制定出具有特色化、科学化、多样化的教学课程。高校体育教学内容改革可以结合高校教育教学管理总体策略，设置出具有多样化的高校体育教学课程。既可以满足学生运动需求、又可以使学生感兴趣和爱好的体育项目融入高校体育教学课程当中。例如，引入"瑜伽、武术、健美操、轮滑、花样篮球"等诸多内容融入高校体育教学当中，构建出高校体育教学课程特色，让广大学生们爱上体育运动、自主自觉参与到体育运动当中。结合学生实际需求，构建出具备高校特色的体育运动方式，明确课程目标课程教学重点，积极转变传统教学模式，为学生们日后可持续发展打下良好的基础保障，展现出高校教育特色。

#### 2. 促进高校体育教学模式变革

高校体育教学内容改革需要转变传统体育教学模式，立足于职业发展的需求，结合不同专业学生们的特点，制定出具有特色化、趣味化的高校体育教学课堂。在实施高校体育教学时，课程设计可以减少必修课体育教学，增加与专业相关的体育课程比例，全面调动广大学生参与体育课程学习的积极性，让学生认识到体育教学的重要性。引入具有趣味性的经济活动，例如"校内体育竞赛、校外联谊体育活动"等，强化学生们参与体育活动的信心。转变传统高校体育教学手段，将小组合作教学模式、互联网视频教学、游戏教学等诸多教学模式融入高校体育教学内容改革当中。不断完善高校体育教学基础设施和场地，保障运动器材的充沛性，选择先进的设施、场地、器材，满足体育教学多种需求，确保高校体育教学改革质量，全面实施高校体育教学改革统筹。

#### 3. 将体育教学内容与职业教育紧密结合

高校教育的最终目的是培养对社会有贡献的人才，使高校学生们具备一定的职业能力。为此，高校体育教学内容改革也应该最大程度地结合专业要求，培养出具备专业职业水平的人才。高校体育教学内容改革需要与职业教育相融合，注重学生职业能力培养，发挥出体育教育对学生综合能力提升的促进作用，结合专业教学的特点，设置特定的体育教学活动。例如，"酒店管理、旅游管理、市场营销"等专业，对于执业者的外表需求相对较高。那么在开展高校体育教学内容创新时，便可以将"瑜伽、健身操"等体育活动融入该专业当中，在帮助学生培养成良好体态的基础上，强化学生们肢体协调能力、肢体感染能力，锻炼学生们活泼外向的开朗性格，为学生们专业职业水平打下良好的基础保障。总而言之，高校体育教学是高校教育的重要组成部分，直接影响着学生们身心健康发展，更是高质量人才培养的重要内容。高校必须要认识到教育教学管理存在的缺陷，致力于学生终身发展，科学合理开展教学内容改革、教学管理模式完善，为高质量人才培养打下良好基础保障。

### （三）体育游戏在体育教育改革中的运用

随着我国新课改的不断深入，体育游戏在体育教学中的重要性越来越突出，其寓教于乐的显著特点使其成为体育教学中不可或缺的关键部分。教师在体育教学过程中要根据学生的实际情况与教学内容科学合理地运用体育游戏，使学生在轻松愉悦的氛围中更好的学习，从而提高教学效果。

随着新课改政策的深入，各学科的教育教学都越来越注重学生学习兴趣的培养。在高校体育教学中，体育游戏是根据大学生的体育运动特点来进行设计的，具有一定的目的和规划，充分体现了"以人为本"的体育思想，并提高了大学生的身体素质，促进了大学生的全面发展和终身体育意识的培养。因此，在高校体育教学中，教师通过积极推进体育游戏教学，能让学生更加高效的学习，并提高教学效率。

#### 1.体育游戏概述

体育游戏，既是一种规则游戏，同时也是高校体育教学中的内容和方法之一。教师可以根据教学内容、教学目标和学生的实际情况设计适合的体育游戏，也可以加上情节或者规则，提高学生对体育运动的兴趣与积极性。体育游戏具有以下特点。

##### （1）趣味性

体育游戏是集体能、智级和技能为一体的活动，从前期准备到后期上课都体现出浓厚的娱乐性和趣味性，让学生在激烈又活泼的运动环境中轻松掌握运动技能。

（2）多样性

体育游戏内容丰富，游戏方式多种多样，大多数体育运动都可以设计成游戏，同时还可以根据教学场地与器具等进行灵活的调整。

（3）目的性

体育游戏是教师根据教学需要有目的、有意识地设计的一种有规则的游戏，可以增强学生的体质，培养学生的情操。在高校体育课程进行中，教师可以根据教学任务设计合理的体育游戏，活跃课堂气氛，调动学生的学习兴趣，以达到学习、掌握、巩固体育技能的目的。

2. 体育教育改革中体育游戏的运用

（1）在准备活动中的运用

在准备活动中，体育游戏的运用主要包括：在常规性组织活动、一般性组织活动和专项准备活动中的运用。在体育游戏教学常规性组织活动中，其目的是将学生快速组织起来，并向学生说明任务和摸索经验，探索出更加优质的游戏教学体系。

为了让学生尽快地进入准备状态，教师可以设计一些集中注意力的小游戏，比如反向动作游戏、老狼老狼几点啦等游戏，让学生快速地兴奋起来。一般性准备活动是让学生进行简单的肢体活动，提前进行热身，使大脑处于兴奋状态，以便更快地进入学习状态。传统的准备活动主要是让学生进行拉伸，准备活动枯燥乏味，不能激起学生的兴趣。而在体育教学改革中，需要打破之前单调的运动，教师可以设计一些比较有趣的游戏，让学生在愉悦的氛围中进行准备活动。例如，教师可以让学生进行慢跑，在慢跑的过程中，设计"听数抱团""拉网捕鱼"等游戏，让学生在准备过程中提前感受课程的趣味性，便于后续教学活动的开展。

专项准备活动主要是通过运动使相关肌肉、关节等做好准备，防止学生在运动中受伤。在该部分准备活动过程中，教师要根据课程的具体内容来设计与专项运动相关联的游戏，让学生的系统机能做好充分准备。比如，在教授短跑技巧时，可以设计"圆形曲线跑""穿梭跑"等游戏，训练学生的速度，提高其奔跑能力。通过专项游戏进行专项准备活动，不仅可以使学生更快进入准备状态，还可以提高学生的学习积极性。

（2）在基本技术技能中的运用

在高校体育教学中，学生是课堂的主导地位，教师主要是对学生的规范性进行指导，这也是高校体育教学的目标。通过教师的引导，让学生积极主动地参与到课堂活动中，自觉进行运动技能的练习。传统的体育教学比较单一，学生的学习兴趣不高，而体育游戏可以活跃课堂氛围，让枯燥的练习变得生动有趣，增加娱乐性与趣味性，提高学生的学习兴趣和积极性，让学生对技术技能加深印象，并不断地进行巩固，进而快速牢固地掌握。比如，在进行高校足球训练课教学时，教师可以加入"推人出圈""斗鸡""模仿追逃"等游戏，通过这些游戏，增加学生的腿部力量，提高学生的团队协作能力、对抗能力、奔跑能力以及急转急停和假动作能力，让学生更快熟练地掌握各种技能。再比如，在羽毛球训练过程中，教师可以设计"羽毛球投准""羽毛球掷远""追羽毛球加速跑"等小游戏，让学生在轻松的环境中发展其身体协调性和灵敏素质，同时提高奔跑能力和团队协作能力。教师在练习基本技术技能过程中运用体育游戏，可以极大地增加教学活动的灵活性，提高学习与教学能力，更好地顺应新课改要求。

### 3. 体育游戏教学的策略

#### （1）转变思维

在高校体育教学活动中，为了有效地应用游戏教学的模式来提高教学效果，其中很重要的一项工作就是要积极转变思维，要认识到游戏教学的优质性。在以往的发展理念中，很多人认为游戏教学的方法是不可行的，不能发挥对学生的约束力，使学生很难在体育教学课堂上集中精力，学习一些体育知识。但是从一些研究成果可以看出，游戏教学方法能够在高校体育教学活动中带来不可取代的优势。首先学生很容易在游戏教学的环境中积极主动地融入课堂中去，按照体育教师的引导来学习体育知识。教师在一种轻松愉快的氛围中完成了课堂教学活动，并且确保了教学质量。高校要将游戏教学作为高校体育课程开展的重要途径和方法，加大这方面的资源投入，使师生都能够主动接受这种新颖的教学模式，在实际教学活动中，摸索经验，探索出更加优质的游戏教学体系。

#### （2）优化教学模式

相比于传统的体育教学模式来说，游戏教学的方法十分先进，能够提高教学的效果。但是不可避免的是也会给课堂教学活动带来一定的冲击，在此背景下，就必须要不断地优化教学模式。要能够针对游戏教学方法的应用做好相应的课程计划，体育教师需要提前做好备课工作。将一些重要的体育知识点有机融入特定的游戏活动中去，使得体育教师能够在潜移默化的氛围中完成知识的教学。要采取游戏教学模式和课堂教学模式同步进行的教学策略，这样才能够确保学生能够从理论知识和实践学习两个方面同时推进学习，获得更好的体育

学习成绩。体育教师之间应当建立起流畅的沟通渠道，相互探索优质的游戏教学经验。特别是对一些游戏教学案例和主题，体育教师之间需要进行信息共享，要立足课堂的实际情况来合理选用游戏教学模式。教师要发挥学生的主体作用，一切游戏教学活动都应当紧紧围绕学生的实际状况来开展。

（3）科学评价

并不是所有游戏教学方法都能够达到预期的教学成果。高校体育教学课程具有一定的复杂性，因此就需要提高教学活动的成效。高校在应用游戏的教学方法时，需要对每一种游戏教学模式进行科学评价，这样才能够更加真实无误的掌握这些游戏教学模式的实际效果。如果发现评价比较低的体育游戏教学项目，就应当立即停止使用。对于一些评价比较高的体育游戏教学项目，应当进行推广。并且教师要保持和学生群体之间的近距离沟通，了解他们的体育课程真实的学习状况，为他们量身定制出更加先进的教学模式。教师积累丰富的游戏教学素材，从多样化的体育教学活动中提高学生的学习成绩，锻炼他们的身体素质，这也是高校体育教学活动开展的重要目的。

总之，在新课改的推动下，高校体育教师要善于挖掘新的教学方式方法，提高教学效率。高校体育与游戏相互结合，不仅丰富了教学内容，活跃了课堂氛围，还激发了学生的学习训练兴趣，让学生更快地掌握了运动技巧技能，有效促进了学生身心健康发展。因此，高校体育教师要在满足教学需求的同时，要科学合理的运用体育游戏，让学生在轻松、愉快的环境中学习并掌握运动技巧，从而保证高校体育教学改革的顺利开展。

# 第五章 校园体育教学模式的改革

随着高等院校深化教育改革的契机，学校体育改革从教学理念、教学方法和教材内容等方面都取得了进步，但在教学改革实施的力度和效度上的进展缓慢，甚至在高举教学改革的大旗下，还沿用传统的体育教学模式，造成体育改革停滞不前，从而限制了体育教学改革的发展。本章分为合作学习体育教学模式、多媒体网络体育教学模式、体育翻转课堂教学模式三部分。主要内容包括：合作学习模式概念界定、合作学习模式的理论依据、合作学习模式教学方法的原则、多媒体传播手段在体育教学中的优势等方面。

## 第一节 合作学习体育教学模式

### 一、合作学习模式概念界定

合作学习最初兴起于 20 世纪 70 年代，80 年代中期取得了实质性的进展，由于合作学习模式能够改善课堂学习氛围，提高学生的学业成绩，并能调动学生的积极性和主动性，很快引起了世界各国的广泛关注[15]。

约翰逊指出："共同学习模式是在教师的引导下使学生们能够在一起进行学习，通过小组成员之间的相互帮助与支持使他们自己和同伴的技能学习效果达到最优化"。

黄政杰博士认为："合作学习是一种创新的教学方法，教师根据学生个体差异性分配到异质小组中，并在教师的引导与鼓励下使同学之间相互帮助，以提高个人及其团队的学习效率，并达成团体目标"。

---

[15] 刘西晓. 高校体育教学改革的策略研究 [J]. 山东农业工程学院学报，2017，34（08）：86-87.

唐湘君在介绍合作学习模式的概念以及相关理论的同时，提出"合作学习法"，目的是让学生在完成教师布置的学习任务过程中培养学生发现问题与解决问题的能力，启发学生展开对新知识探索的过程。它是以师生、生生之间的相互合作为基本动力，以小组活动学习为基本的教学形式，以个人成绩和团体成绩评价为标准，以提高学生的学业成绩和改善班级气氛、形成良好的心理品质和社交技能为根本目的的教学方法。

根据以上专家对于合作学习的研究，合作学习有以下几个特点。

①它是在体育教学过程中组员之间相互帮助、共同努力的过程。

②它是小组成员或师生之间的相互帮助、引导和配合。

③它是小组成员为达到共同的教学目标去相互学习、共同进步。

④它是以教师制定的教学目标和教学流程来进行组织实施。

通过对以上关于合作学习的总结，将"合作学习模式"的定义理解为："合作学习模式"是将能力不同的学生按照一定的比例分配在同一个小组进行学习，通过教师的讲解、引导以及小组成员之间的相互帮助、相互支持、共同努力，以小组活动学习为基本教学形式，以提高学生的学业成绩和改善班级上课氛围为目的的教学方法。

## 二、合作学习模式的理论依据

### （一）群体动力理论

群体动力理论也称"团队动力"，最初时期由库尔特·卢因（Kurtlewin）于1939年提出的，该理论属于非正式组织及人际关系理论，该理论在后来得到了广泛的应用，他认为，在群体活动中，人们是处于不断相互作用和相互适应的过程，个人的心理活动及行为表现会受到他人的影响而做出改变[16]。现如今，我们也可以把它称作从众心理，即个人在群体的影响下会转变原有的态度，放弃自己原有的意见，采取与大多数一致的行为表现。但任何事情都是一把双刃剑，从众心理既有积极作用，又有消极影响，教师在教学过程中引导得好，就能发挥重大的作用。在合作学习模式教学的过程中，学生在小组学习的氛围中积极练习，技能掌握较快的学生带动技能掌握较慢的学生进行练习，实现小组成员技术的稳步增长，这也是合作学习模式的优势之一。

---

[16] 陈进婉. 新形势下司法行政机关强制隔离戒毒工作模式的探索与创新 [J]. 中国司法，2015（04）：83-90.

## （二）动机理论

在心理学上，动机理论被定义为人们为了追求某种目标、达到某种目的、从事某种活动的主观意愿，是激励人们达到某种目的的内在动力，一旦产生了某种动机，就会产生与这种动机相适应的行为表现，但是动机不是一成不变的，影响动机的因素主要有社会文化规范、个人生理心理状态以及个人的知识和经验等。对于教师来说，一堂成功的授课离不开学生积极主动的参与，从这方面来说，学习动机的激发是实施各种有效教学的前提和保障。但教师需要注意的是，大学生在心理上还没有完全成熟，现代社会又是一个多媒体快速发展、信息量爆炸的时代，更需要教师进行正确、积极的引导，使学生身心健康全面发展。

## （三）社会凝聚力理论

迪克·斯坦利对社会凝聚力的定义为："社会凝聚力是社会成员为实现生存和繁荣而彼此之间相互合作、交流的意愿"，它是把个体和社会结合在一起的纽带，是建立在共同的情感、信仰、目标之上的个体之间以及群体之间相联系的状态。在合作学习模式教学的过程中，学生为完成教师所布置的教学任务而相互交流、相互合作。

此时，学生技能掌握程度与小组的整体进展程度息息相关，只有经过小组成员之间的共同努力、共同团结，才会在整体水平上名列前茅，这种教学方法有助于培养学生之间相互交流、相互帮助的优良品质。

## （四）需要理论

在合作学习的过程中，需要和同伴交往、合作，因此就有交往需要；当教师要求小组当中有人展示一下技能时，这时就产生了表现需要；在学习知识或技能的过程中，出现不懂的地方会求助于组员或者教师，来帮助解决问题，这时就会有求援需要；在技能学习的过程中，如果缺少游戏环节，那么整个教学过程会显得相对乏味、枯燥，学生会在学习过程中失去兴趣，这时就产生了游戏需要。著名教育家约翰·杜威也认为，课堂学习应该与学生的需要和兴趣相关联，在学生不感兴趣的时候，教师如何做到激发学生的学习兴趣[17]。

---

[17]　赵传勇．合作学习理论视域下足球教学实验探究 [J]．体育科技，2016，37（06）：141-142+144.

## 三、合作学习模式教学的原则

### （一）学生主体性原则

教学过程是教师向学生传授知识的过程，在课堂上所有的一切都是由教师决定的，学生的体育需求、兴趣爱好、创造能力以及个体差异都被教师所忽视，也就是学生在课堂的主体地位被教师给封杀了。现代素质教育强调学生综合素质的发展，尤其是体现学生的主体地位，现代学生自主意识强、参与意识积极，已经过了"你讲我听"的那一代，因此教师在合作学习模式教学过程中要对学生的能动性、自主性、积极性以及合作意识等进行全方位的培养，着重体现学生的主体性地位。

### （二）全面性原则

任何教育都是注重学生的全面教育和全面发展，体育教育也不例外，体育教育作为"德、智、体、美、劳"五育之一，在人的成长过程中有着十分重要的作用。在合作学习模式教学过程中教师首先要给学生创造快乐的体育教学环境，充分考虑大学生活泼好动的天性，改变以往教学过程中死气沉沉的现状，让学生去运动、去表现、去感受体育的魅力。其次，培养学生积极健康的生活态度，在体育教学过程中，根据不同的运动项目，让学生学会处理与队友、对手之间的关系，从而发展自身的社会认知能力，这是现代学生必须具备的人格品质。

### （三）趣味性原则

兴趣是学生最好的老师，在教学过程中，教师要想尽办法激发学生的学习兴趣。体育游戏的引入就为学生的学习增加了不少乐趣，体育游戏的开展可以有效地培养和发展学生的团队合作精神，让学生认识到团队合作的重要性。此外，教师可以让学生扮演不同的角色，学生根据教师的指令做出不同的动作，让学生积极主动地参与到教学过程中去。良好的教学情境不但能够丰富学生的知识，而且还能激发学生强烈的好奇心以及学习的兴趣，能有效地促进学生身心健康的全面发展。

### （四）多样性原则

教师的教法必然制约着学生的学法，学生的学法也影响着教师的教法。以往的教学方法都是讲解示范法、重复练习法等，学生对这样的教学方法没有新鲜感，教师可以增加合作学习模式、自主探究模式等，来激发学生的学习兴趣。常年不变的体育训练模式容易使学生产生厌烦的心理，在教学过程中，教师要有针对地对练习形式进行调整、变化，激发学生练习的兴趣；教具和场地的布置是体育教学的基本设施，教具、场地布置新颖，可以增加学生的学习新鲜感，激发他们的学习兴趣；在以往的教学过程中，都是教师进行单方面的评价，合作教学模式的评价方式包括教师评价、小组之间的评价以及小组成员之间的评价，同时也培养了学生的语言表达能力。

### （五）适当性原则

教师在教学过程中一定要遵循适当性原则，在进行教学设计之前，一定要充分了解教材，了解大学生的身心发展特点，了解学生之间存在的个体差异，这样就为教案的设计打下了良好的基础，在进行体育教学的过程中，在教学内容的选择、组织形式的变化、教具的使用过程中要根据学生的实际情况进行，做到有的放矢，切勿生搬硬套[18]。在给学生设置训练目标的时候，要坚持适当性原则，设置的目标不要超过学生的能力范围之外，并且要适合大学生体能所承受的范围之内，不可进行标准额度之外的训练，使学生的体能在教师科学、合理的指导下逐步提升。

## 四、体育合作学习模式的促进

### （一）合作环境

合作环境是指在合作的过程中，对合作者策略选择和实施具有影响的一切因素。可分为内在环境和外在环境。

1. 内在环境

主要是指体育教学中的软硬件设施与学生、教师的管理，以及教学内容。它是实现成功合作的重要因素。目前，各高校所开设的体育课程不具有统一性，在衡量课程的价值上缺乏统一的标准。不少高校在管理上（场地器材管理，教师管理，学生管理）存在着很大的漏洞和不合理的现象，这些因素都严重地影响着合作的进程。

---

[18]　杨殿金．视唱练耳教学的体会及启示 [J]．湖北科技学院学报，2013，33（07）：121-122.

2. 外在环境

主要是指体育教育在社会中的价值与地位以及合作者在合作过程中所受外在舆论的影响。长期以来，由于受传统思想观念的影响，社会需求较少，体育教育在社会中的地位以及价值取向都较低。我们在评定一个事物的标准时，不得不考虑它的内在价值与外在价值，对体育教学也是如此。体育教学的价值往往体现在一个很狭小的范围内，而往往忽略了它的外在价值。

## （二）合作环境的异化现象

合作环境的异化可以理解为合作环境随着时间的变化而影响合作者改变原有的合作策略选择的一切因素。在体育合作学习中，器材、场地的变化，可以通过教师优化教学方案得以解决，不足以对合作效果产生较严重的影响。对体育教学传统思想的认识在一定程度上影响着学生对体育渴望的激情，但是，通过教师及时地了解与沟通，实施具有针对性的运动训练，有计划的执行，让学生体会体育课的实质价值，很容易提高学生的积极性。这两种异化现象在合作学习的过程中的确存在，都是容易解决的问题。成功的合作提高了合作者的好胜心，也就是赢得的越高越容易导致另一种合作过程中极易出现的异化现象——嫉妒，从而影响下一次的合作。这种异化现象来自合作本身，严重地破坏下次合作的进程与效果。针对这种异化现象的出现和解决与否是长期成功合作的关键。

在体育合作分组学习中，这种现象就更为明显。因为每一组的成员为了一个共同的目标，那就是努力使自己的组在各项评比成绩中都名列前茅。而组员之间的合作是"非零和"的，但组与组之间就是"零和"的。因此，每组的学生总是要有一个相对的标准来衡量他们是做得更好或是更差。他们通常使用的标准是把他们的得分与对手得分相比较，或是听老师是否肯定某组或某人的成绩。诚然，一个学生或是一个组为了领先在与同组交往的过程中会出现背叛。当然，组间的另一个学生也不甘落后而背叛。因此，情况由于双方的相互报复而恶化。学生通常倾向于采用相对的标准来衡量自己的成绩。这个标准经常把对方的成功与自己的努力联系在一起，当同组其他队员得分比自己高时，或是老师特别肯定了同组的其他队员。这时，这个标准就导致了嫉妒的产生。这种嫉妒同时又导致企图抵消对方已经得到的优势或成绩。不难想象，这种嫉妒是自我毁灭。

因此，教师要在与学生沟通交流的同时指导他们认识自己，逐渐超越自己，告诉他们在一个"非零和"的世界里，为了你自己做得更好，没有必要非得比对方做得更好。特别当要和许多不同的对手打交道时更是这样。只要自己在合作中能做得更好就让合作者们每个人做得和你一样好或是略好一些。没有理由去嫉妒对方的成功。因为在体育教学长期的合作过程中，其他人的成功是自己成功的前提。可以获得更多的帮助和合作者的支持。当然，教师更应该让学生明白：任何通过不合作行为（如迟到、早退、偷懒等）来减少自己的努力，却获得更多的企图，都将激起对方的报复行动，这种报复将使得嫉妒付出的代价更大。

## （三）如何促进合作

生活中，人们日益频繁的接触给合作增添了更多的机会。但是如何促进合作已经备受学者的青睐，特别是在经济学领域。愉快的合作不但能够增加合作的结果，而且还能够促进双方的友谊和情感，体育合作学习中也是一样。

### 1. 增大未来影响

由于体育教学的特殊性，师生、生生并非一次课的接触，而是一学期，甚至是一学年。这就给合作的双方提供了一个长期、稳定的合作机会。因为任何一个合作者都清楚：如果自己首先背叛，将会引起对方的一次报复，而降低合作的收益值。

对于教师而言，成功的合作不但能顺利完成教学任务，而且有利于自身业务素质的提高，能够进行成功合作的教师不但要委以重任，更要尊重他的价值，给予一定的物质奖励。对于那些流于形式的教师，在对其教学任务完成情况的考察与评定后，给予严厉的惩罚，必要时进行解聘。对于合作者来说，此举还能有效地促进他们自身的发展，提高教育质量。

诚然，对于学生来说，增大未来影响更为重要。体育教育最直接的功能是促进学生身心健康发展和培养终身体育意识。但在现实的体育教育中，往往只是体现在说教理论上。大学生在校学习期间正是身体各器官功能的黄金时期，这时候增大社会需求就会为学生参与体育合作学习提供积极的帮助。在这个竞争如此激烈的社会中，没有哪一个人能够独自成功，必须通过合作达成共赢，共同发展。如果用人单位在招聘人才时附加一个"会某种运动技能的优先录用"的条件，这将会对体育教学形成一个巨大的冲击，而这种冲击力量将会促使学生参与合作学习的积极性大幅度提高。同时，也会促进体育教育质量直线上升。因此，教师在实施分组体育合作学习中，更要注意优胜者的奖励，向全体学生宣布优胜者在合作过程中的协作精神。这种外在环境的未来影响对体育教育的

促进作用是非常重要的。

2. 改变收益值

收益值，是人们在合作结束后所获得的好处，一般情况下是以事先约定好的比例来进行分配的。但是，在体育教学合作中，教师对合作所付出的努力，是很难从经济利益上去衡量的。因为在一个优秀体育教师的职业生涯里，是很容易衍生出博爱的。他不仅能够顺利地完成教学任务，达到事先预定的教育目标，更重要的是他在合作过程中为学生的切身利益考虑，教给学生的不单单是一些理论知识和运动技能，更多的则是让学生明白在学习生活中合作、共同努力，获得更多有益于自身的能力（如分析问题，解决问题）。这样的体育教师要远比那些经常把"一切为了学生，为了学生的一切"这句话挂在嘴上，而从未付出过多少的实际行动的教育者更容易让学生接受，更能体现一个教育者自身的人生价值。因此，学校对于这样优秀的教师应该是奖励的，支持的，应该真正体现出按劳分配的原则。这种收益值的改变将有利于教师积极性的提高，更好地发挥一个人的能动性。

针对教师合作学习收益值的改变，如何改变学生的收益值，将是教师时时关注的问题。因为每一次合作学习结束后都将会有一个客观的评价，评价的基础是建立在一种动态的合作基础上的。而不是传统的某些身体指标，或是固定的达标准则。所以，教师在合作后对每一个人或每一个合作小组的评价已经是在某种程度上改变着学生参与合作的收益值。在这里需要特别注意的是，在收益值改变的同时，要注重公平公正，这也是体育竞技的灵魂所在。

不论对参与体育合作学习教师或学生的收益值的改变如何，都应当为这种改变促进合作的良性发展而服务，积极地促进合作顺利地进行。

3. 教育合作者要相互关心

一个自私者往往很容易从合作者的利他行为中得到好处而不给人任何回报。在体育合作分组学习中经常出现这种现象，一个组员通过别人的努力，来达到实现自己的利益，即便是这个合作小组通过其他人的努力其成绩很好，他也可以享受到利益的分配；若是很差，他也无所谓，因为他没有努力，更谈不上回报。这种现象经常被称为合作中的"搭便车"现象。长期"搭便车"，不给予任何回报，就容易引起报复，因为他的行为已经构成"一次背叛"，不利于合作。因此，教师在合作学习过程中要经常教育学生关心他人的利益，这也是自己长期获得利益的前提。

### 4.教育合作者要回报

体育合作学习中，经常出现"一报还一报"的现象，特别是分组学习中，这个时候相对于集体而言，个体更应该注重以集体利益为重，努力的付出，出色的合作不仅能促进个人能力的增长，而且更能提高整体的实力。

相对于"一报还一报"的则是"以牙还牙"。如果说"一报还一报"是仇恨的种子，从他的产生、发展到影响，始终贯穿了"报复"的心理和行动。这种潜在的意识对于合作来说是致命的。那么"以牙还牙"则使合作者两败俱伤，实质上是自取灭亡。最终合作将不复存在。师生、生生合作中，经常会出现这种现象。一个教师对合作的首先背叛或继续背叛，都将引起学生一次报复或是"以牙还牙"。这样的教学会出现学生和教师对着干，你说东，我做西；你让站着，我躺着。使得合作破裂。那么小组合作过程中出现这种现象就更为明显，因为每个学生都存在自私心理。问题在于怎样解决自私心理与逐利欲望的矛盾。最好的方法就是要回报。一个优秀的体育教师，为了学生的未来，辛苦工作，殚精竭虑。作为学生要时常给予老师一声问候。在有限的基础上多为他分担一些，共进退。这样才能更好地为合作创造良好的环境。同学分组合作应该是这样，你的帮助与关心，将会得到更多的回报。回报的越多，整体的战斗力就越强。

这种基于回报的策略对学生对社会并且间接地对教师都有很好的帮助。回报就意味着你有一颗感恩的心。生活与学习中多一点宽容，就多一分理解，多一份合作，多一次赢得。这正是我们所追求的。

## 五、体育合作学习教学模式的评价

### （一）合作学习评价体系建立的理念

当前，对合作学习的评价很大程度上还停留在传统学习的评价方法、手段上，主要问题在于，一是评价忽略了个体评价与合作小组整体评价的有效性，二是评价的指标仍是以学习各种技能、成绩等客观性较强的方面为主。合作学习的内涵并没有发挥出来，这也就导致了体育合作学习流于形式。

在建立体育合作学习评价体系之前，我们应该明确评价的理念是什么，它的确定有利于我们适当地建立促进合作学习的有效评价。

### 1.动态性评价理念

体育合作学习的长期性决定了学生在合作过程中的策略选择有一定的不同。从形式上讲，不是单个学生或几个学生的合作，而是小组内外更多学生的

合作。每次合作策略的选择也容易出现变动。从时间和状态上来说，他们的合作可以是课上或是课下。从内容上看，可以是体育专业的知识，或是其他知识，以及人生价值观等某些方面的探讨。这种动态合作贯穿于体育教学的全过程中，之所以称它为"动态合作"，是因为实践为它增添了"动"的色彩。

### 2. 过程性理念

合作学习评价在关注学生学习的同时更应该关注学生求知、探究、努力的过程，此过程有利于培养学生的合作意识、发现问题、解决问题能力。关注学生在各阶段的进步状况，实现"知识与技能、过程与方法、情感体验、价值观"的全面发展。

### 3. 激励性理念

合作学习评价更需要强调激励作用。其目的是激励学生学习的积极性、主动性、和创造性。心理学研究表明，一个人积极性的提高有益于成功。尤其是学生在合作学习时遇到困难或是遭受失败时，必须以激励为主。肯定学生的进步，营造学生体验成功的情景，使学生的自尊心、责任心、使命感、进取心、自信心得以加强，促使学生更好的投入到合作之中。

### 4. 多元化理念

多元化指的是评价主体、标准、内容、方法及评价形式的多元化。评价主体的多元化除了对学生之间、团体合作的评价外，同样对教师参与合作的有效性进行评价。这种评价体现在定性和定量相结合，短期与长期评价相关联。

## （二）合作学习评价体系的构建

### 1. 个人评价和小组评价相结合

①成绩的评价要在对单个人评价的同时转向对小组总体的评价，即评价时小组不同成员的成绩应与其参与合作的努力程度相关。实质上，小组的总体成绩确定就显得非常重要，为了使评价达到应有的激励作用和有效性，并且在长期的动态合作中具有重要的意义，就必须加强学生的思想指导，注重学生长期参与合作的具体表现[19]。

②小组之间的竞争要平衡。例如，某个小组经常获得高分而优胜。这时，教师不单单要考虑合作过程中是其他学生努力的程度不够、合作不愉快，还是

[19] 包雪鸣. 体育教学中合作学习的展开、评价及受限 [J]. 体育与科学, 2008（03）: 93-96.

由于分组的不均衡而造成的。而且要经过深思熟虑，对合作小组成员做出一定的调整以便于合作的继续进行，避免有某些小组因合作不愉快而出现"一报还一报"的下策。

### 2. 过程评价和结果评价相结合

体育教学中合作学习的重要目的就是让学生学会如何合作，因此合作学习的评价应是过程评价与效果评价的结合。而这个合作过程可以是一次课的，也可以是某个阶段或是一学期、一学年的。这是一个动态的评价，但是每次合作结束后，同一个学生获得的结果并不一定相同，这就是过程评价的重要性所在。这包括学生的参与程度、交流意识、努力程度等。做到这一点，教师在评价时，不仅在最后根据成绩进行评价，更要注重对学生合作过程进行评价。

### （三）教师评价

教师是整个体育合作学习的关键。因此，教师在整个合作学习中所做出的努力就更重要，针对体育合作学习自身的特殊性，对教师的评价应考虑以下几个方面。

### 1. 合作意识

合作意识主要体现在教师不迟到早退、不缺课调课、甘为学生表率、对工作充满热情、关心了解学生、策略的选择几个方面。教师教学并不是一次课，而是长期与学生进行合作学习，他的言谈举止都会影响合作的结果。因此，有良好的合作意识是非常重要的。

### 2. 合作能力

合作能力是一个体育教师在合作过程中必备的能力，它关系到合作的细节与成败，主要有能确定教学目标、依据教学内容设计合理的教学方案、教学准备充分、场地与器材优化、多种教学方案优化、深入教学内容、指导运动队能力、良好的体能体态、示范能力、丰富的专业知识、具备安全知识、处理意外伤害能力、有效的沟通与合作能力。另外，还要懂得《博弈论》（对策论），针对合作过程中个体或团体采取"一报还一报""以牙还牙"等下策，能够及时地制定对策，做好思想工作。

### 3. 指导能力

指导能力是教师在合作过程中掌控合作是否能顺利进行的能力。主要有激发学生的求知欲望、提高学生合作的积极性、建立和谐的课堂气氛、较好的语

言表达能力、促使学生信息及时反馈的能力、辨别学生差异性的能力、多元评价学生的能力。

这几方面的要求和能力直接影响合作的结果。教师不仅可以实事求是地进行自评，而且也可以根据需要让同事或学生进行评价。这种评价不但有益于改善合作环境，而且更有利于提高教师自身的综合能力。

# 第二节　多媒体网络体育教学模式

## 一、多媒体传播在体育教学中的优势

体育学科与其他学科是有共同点的，都是教师与学生的双边活动，教学过程中教师的主导与学生的主体紧密结合，学生在教师的启发、引导、点拨中自觉、积极的学习，掌握一定的知识技能，发展学生的认知能力；不同之处就在于其他学科主要是通过思维活动，使学生掌握相关学科的基础知识，而体育学科是以身体练习为主要手段，以增进学生健康为主要目的的课程，也就是说学生不仅要掌握一定的体育知识，而且还要进行各种身体练习。

其次，正是因为体育教学是以身体练习为主要手段，以增进学生健康为主要目的的课程，所以在教学手段上必定与其他的学科不同。表现在所传授的教学内容很大程度上是对学生现有的体育知识面进行补充、修正、联系、界定和推理等，而非进行单纯的知识填空，因此需要有大量的灵活性和多样性。

再者，与其他学科不同的是，形象和直观的教学方法是说明问题的最有效途径，是学生最易于接受的。由于体育教学本身的特殊性，多媒体渗透到体育教学中的优势必定与其他学科有着一定的相异性，然而在存异的同时又体现着一定的相似性。相似性在于能激发学生的学习兴趣，有利于增强学生的感官效应，提高学习效率。相对于其他学科，体育教学又因其以身体练习为主要学习方式的特殊性，多媒体技术的运用又具有一定的特殊的优势，可以示范更标准的动作，以弥补教师本身的身体示范的偶然性或者不规范性。同时多媒体传播手段还可以反复播放、慢放、前进或者后退，可以很大程度上减少教师反复示范的工作量。总的说来，多媒体传播手段运用在体育教学中主要有以下几点优势。

## （一）有利于随时展开教学

传统体育教学形式单一，主要是会受到天气、场地、器材等的影响，如果天气不好，或场地、器材不够用，那么就会有很大部分学生的课程开展受到限制；对于一些身体素质本身不好、不能参加剧烈运动的学生来说，就无法获得体育教学知识。而大学体育多媒体教学形式多样，在教师用视频、声音等多媒体教学，室外还可以用微博、微信等网络平台进行体育教学。这样教学就不受很多因素影响，可随时展开教学，而且对学生的身体素质没有硬性要求，所有的学生都可以参加，都可以学习体育知识。

## （二）有利于拓展学生专业素养

传统体育教学是实践教学，重在实际操作，对相关理论知识的传播力度较小，所以学生的体育学习就只会停留在表面操作，对其中的原理却不懂。比如说，在跑步时候老师会告诉学生，剧烈运动之后，特别是跑步冲刺后要缓慢降速，再停下来，不能直接停下来，容易导致休克。这是一条真理，几乎所有大学生都知道这个道理，但是却很少有人知道为什么。因为老师并没有将这其中的道理给学生训解。事实上这是有必要的，而且对于休克之后需要进行的救援操作，都有必要教给学生。因此，这些内容就可通过多媒体教学进行授课，或用PPT或用视频等形式直观的传达各学生。大学体育多媒体主要是增加学生的理论知识学习，从而拓展学生的体育专业素养。

## （三）有助于激发学生学习兴趣

话说兴趣是最好的老师，多媒体课件主要由精美的图片、形象生动和不断变换的视频画面、内容丰富的声音资料等多媒体素材组成，学生在学习的过程当中，这些丰富的教学资源都有助于吸引学生的注意，引起学生兴奋、愉悦的感受，激发他们的学习兴趣，调动他们学习的积极性。此外，多媒体以其独特的交互式手段还有利于发挥学生的主体作用。传统的教学都是以书本知识为中心，以课堂教学为主导作用的中心体系，学生在这个体系下，只能被动地参与这个过程。而在多媒体系统下的文互式学习环境中，学生可以按照自己的学习基础、学习兴趣来选择所学习的内容和适合自己水平的练习方式。真正的实现以学生自己为主导式的学习模式。

## （四）有助于提高体育教学效率

在传播过程中，信息的内容对传播效果起着十分巨大的影响。多媒体的广

泛使用大大丰富了课堂的信息量，也调动了学生学习的积极性。真正使传统的教学得到了不断地延伸，也正实现了麦克卢汉对传播媒介所下的定义——即人体的延伸。多媒体传播技术中的文字、图像、动画、视频可以作用于视觉，旁白解说、示范朗读、背景音乐等可以作用于听觉。因此，在教学中使用多媒体技术，有助于提高教师的教学效率。

### （五）有利于减少教师的工作量

在体育教学当中，必定会有很多难度较高的动作，而体育教师受到年龄、场地、性别以及自身能力等的限制，很难随时随地将最规范，最完美的体育动作展现在学生面前。即便教师能够很好地完成所要讲授的动作，也不能保证在任何时间，任何地点都能很好地完成体育动作。然而多媒体课件却能很好地完成这个任务，可以随时随地播放最规范的体育动作，甚至可以让学生跟着多媒体课件进行练习，而体育教师则可以在一旁对学生的动作进行指导。

另一方面，如果将多媒体资源整合成课件，对于同样的教学内容，教师可以不用一而再再而三地重复同样的动作。如果体育教师将准备的图片，音频，视频，动画，或者与教学内容相关的多媒体资源放入资源学习库中，或者直接放在网上供他人免费下载，在之后的教学中，只需要在因特网上查找所需的教学资源，进行归纳整合，而组成所要教授内容更多媒体课件，则可大大减少体育教师搜索教学资源的时间，同时也在某方面可以降低体育教师对于计算机编程等方面的较高的要求。

### （六）有助于及时纠正学生的错误动作

为了减少和避免学生在练习中产生错误，教师最好能在示范正确动作的同时列举出易犯错误，并分析错误产生的原因。而采用多媒体教学手段，可以在一个课件中既演示正确动作，又演示错误动作，让学生边看边想，自我比较，避免许多常见错误动作的发生[20]。

在整个多媒体教学课件中将动作由分解到完整，有分有合地突出重点和难点，让学生进行反复的观察和练习则更容易理解。

从体育教师的方面来看，在体育教学过程中，有些技术动作很难用语言来描述清楚，讲解的难度很大，有时教师很难示范清楚某些技术环节。运用多媒体课件就能十分轻松地解决这些疑难问题，运用视频影像和多维动画特技来全

---

[20] 王开伟，张欢. 体育教学中如何运用现代教育技术 [J]. 黑龙江科技信息，2009（29）：174.

方位多视角地展示技术动作各环节的时空特征与有机联系，可以在时空上以不同速度、不同重复次数，动态模拟技术动作的完成过程。并能使这一短暂的过程，在空间上定位，在时间上展开，进而深入事物的内部揭示学生不易直接观察到的现象和机理，帮助学生理解动作、形成概念、让学生记住并在观看课件后，通过自己的对比和分析，就可在脑中形成正确动作的表象。

## 二、多媒体网络体育教学的现状分析

### （一）学校的重视度不够

在我国，体育一直采取实践教学模式，很多学校也相信这样更能够达到增强学生身体素质的作用，强身健体。而多媒体网络体育教学是一种新型的体育教育模式，在高校并没有达到很高的执行力度。这是由于学校的对体育多媒体教学的重视度不够[21]。因此，很多高校并未启动多媒体网络体育教学模式。

### （二）学校执行力度不够

对于这种新型的体育教学模式，有些对外界信息敏感的高校已经接受了这种体育教学模式，但是高校对新东西的接受能力不同，有些高校接受的较快，实施起来更加容易。而另外一些接受较慢的高校，执行力度就不够，对这种体育教学模式只能简单地运用，不能根据学生的学习特点制定适宜的教学方法。因此，多媒体网络体育教学模式就会受到很大限制。比如，在运用多媒体进行体育教学时，老师在内容准备上并不熟练也不充分，虽然教学模式上是比较新颖了，但陈旧的内容还是不能激发起学生学习的兴趣，而浪费了学习时间。

另外，利用微博、微信等网络媒体进行体育教学比教师用多媒体教学要难得多，要利用这些网络媒体进行体育教学需要一步步慢慢探索适合本校的正确方式方法，不然就很容易引起学生抗拒。在目前的高校体育教学中，开展多媒体教学的有很多，但是利用到微博、微信等网络媒体开展教学的却寥寥无几。

## 三、多媒体网络平台在体育教学中的运用效果

### （一）提高了学生和教师的创新能力

高校缺乏对课程学习者的自主思考能力的开发和创新创造能力的挖掘，传

---

[21]　蒋世玉，史燕，魏贤军．大学城课外体育俱乐部运行机制的分析研究［J］．淮北煤炭师范学院学报（自然科学版），2008（01）：63-66.

统的教育模式缺乏灵活的教育方法导致在校学生也不重视对自身综合素质的提高。通过信息化网络平台的运用，教师在接触多媒体的教学资源之后，会积极优化创新教学内容，同时，教师也会设置学生教学的相关课程内容，鼓励同学们表现自身魅力，着重提高了学生的创新能力和综合素质，通过信息化网络教学平台的辅助，体育课堂也变得活泼生动，同时也促进加快了课程学习群体在网络教学课堂上的高效率吸收知识的能力。

## （二）凸显网络信息化的线上教学优势

互联网的线上教学的优势在于跨时间、跨地区、跨空间，通过互联网可以扩充高校的教育资源，保证教育培养模式与时俱进，同时也有效帮助课程对象群体打破以往的限制，可以通过多媒体网络教学平台加深对课上学习内容的学习和理解，不仅减小了教师的上课难度，让教师能够有更多的精力去监督学生的体育学习和锻炼情况，针对不同的学生能够给予不同的学习指导，同时学生也可以反复学习，更全方位、具体化、形象化地将视觉、听觉与多媒体结合，利用计算机技术可以将动作细节和要领都标识和反映出来。

## （三）加强了师生关于教学内容的沟通

通过网络平台，学生不用单纯跟随老师的思维走，而是自己发散思维探索出更高效的方法，还可以自主创新学习内容，甚至师生身份转化，学生积极分享自己对各种体育动作要领的理解，并根据自身经验给同学更准确地分析体育运动的重难点。交互式的双向沟通，不仅能够让教师和学生有效地进行学习内容的沟通，同时学生的课后反馈和评价对教师的课件改良和优化起到正面作用。此外，教师能够明确课程设置要求，如何提高课程质量则是关键，同时更有利于辅助完善课程考核内容。

## （四）激发课程学习群体对体育学习的热情

高校的传统教育培养模式偏重于完成课程任务，忽略学生对体育教学内容的掌握和理解程度，同时教学内容过于单调缺乏趣味性，学生更愿意自主学习体育内容，与教师体育教学内容严重脱节，同时每个学生的学习进度和状况不同，也导致教师无法兼顾到每一位同学的学习情况，并指出体育教学过程中的动作技巧和重难点，而包含丰富教育资源平台的作用和功能，就是为师生群体提供一个学习探讨的窗口，课程学习群体既可以根据自己的实际状况来自主选择想要了解的课件内容，同时教师也可以根据学生的反馈，利用自己的专业知识创新出学生感兴趣的课件内容进行详细拓展。

# 第三节 体育翻转课堂教学模式

## 一、翻转课堂教学模式的理论基础

### （一）掌握学习理论

掌握学习理论是由美国著名教育家本杰明·布鲁姆提出的，他认为影响学生学习成绩和学习效果的因素不是智力。他相信所有的学生都能通过努力来学好知识。只要学生在教学过程中根据自己的特点给予最合适的教学帮助，学习能力的提高是可以实现的。所以要为学生提供更全面有效的学习条件，从而有效地实现他们的学习目标。翟保奎认为大部分学生的学习成绩、学习初衷和学习效率是根据条件是否有利来决定的。掌握学习理论要求学生根据自己的学习节奏掌握学习课程。翻转课堂教学模式在此理论中既不是简单的集体教学模式，也不是简单的个别教学模式，而是基于集体教学模式的个性化教学模式。在翻转课堂教学模式中，学习理论的掌握主要体现在第一是学生有足够的时间进行自主学习；第二是课堂教学模块中，教师要了解学生上课前的学习掌握情况进行指导，给学生及时反馈和纠错，从而使学生达到"最佳学习效果"，提高学习综合能力。学生通过翻转课堂教学模式可以有效掌握学习内容，提高学生的学习质量，使教师从传授者转化为优秀的教学设计者。

### （二）学习金字塔理论

戴维·A.苏泽（David. A. Sousa）提出了著名的"学习金字塔"理论。传统教学模式是学习效果如果低于30%，那就是被动接受学习的过程。然而，团队或积极参与式学习效率可以在50%以上，多数为这样的模式。根据这一理论，教师在设计课堂活动时，要充分利用现有的学习环境和情境设置，使其主体性得到充分发挥和学习调动，实现学生慢慢地内化所学知识的点，让学生的综合能力得以发挥和提高。主动学习和被动学习是学习的一种划分方式。所以，教师应该分析和思考自己在课堂上采用的教学方法和教学策略，让学生的学习由被动学习转化为主动学习，让学生能够从接受知识到知识内化，最后在转化为应用所学知识。自主学习是主动学习的一种表现方式，在翻转课堂教学模式中，

课前自主学习环节可以看作是传统的课前预习。学生根据自身的学习方式、学习能力等来完成自主学习。然而，支持翻转课堂可以实现的正是信息技术的发展和现代社会的优越条件等。在教室里，老师根据学生特点进行分配交流学习，学生也根据所学所思在小组中充分发挥自己的观点、相互讨论和交流，从而使学生的知识可以内化，让学生主动学习成为最终目标。

## 二、翻转课堂教学模式的应用

姜竹楠《基于微课的翻转课堂模式在教学中的应用》认为翻转课堂由三个部分组成：传递新知识、诊断性学习、知识点内化。即在翻转课堂中，学生通过借助各种电子设备等，进行学习任务的线上或线下学习，如教学视频、在线作业、电子文档等。以此来引导学生进行自主性学习，从而获取新的知识内容；根据教学内容设置以及相对应的在线作业，在根据学生的作业情况来有效判断学生对所学知识的理解与掌握情况，然后结合学生在学习过程中所出现的问题进行纠正，并讲解知识的重点、难点，最后来分析总结制定下一步教学计划；知识内化是翻转课堂教学的最后环节也是最重要的环节，通过组织开展教学活动、展开小组讨论、差异化的指导等多种方式，使学生能够快速地对知识点进行内化。

钟晓流等教育工作者认为翻转课堂教学模式是顺应信息时代发展的一种新的教学模式，它是在学习者学习完视频材料后，向学生提供学习材料，特别是视频材料，由教师提出问题进行收集和整理，并在课堂时间内讨论和研究解决师生、生生问题的学习模式。

学者张渝江认为此模式是教师制作出学生所要掌握的知识学习的教学视频，课余时间观看学习，当他们返回课堂时，教师和学生面对面交流以完成学习任务。金陵提出，学生白天在课堂上把所学的内容进行内化，晚上学生自主学习新的内容的教学模式的为颠倒课堂。马秀麟认为传统教学模式中学生课上学习花费大量时间，翻转课堂教学模式是让学生在课余时间自主学习，而在课堂上教师针对学生的疑难问题，组织学生进行讨论，解决困惑，知识的内化过程，学习方式有着颠倒后的差异。同时师生角色的改变，教师作为学生学习的引导者，辅助者，学生为知识的探索者，翻转课堂教学模式充分体现了学生的主体地位[22]。

---

[22] 陈绍芳，张玉红. 电脑绣花课程教学改革与实践 [J]. 纺织科技进展，2016（03）：62-64.

曾贞关于翻转课堂教学提出了三个步骤：一是观看教学视频前的准备性学习，学习后组织简洁的讨论，并根据问题提出需要解决的难题；二是深入研究教学视频，寻找问题的答案；三是应用新知识解决新问题，实现知识的内化，问题的深入探索。但是，并没有详细描述翻转课堂的实施环节。虽然它为教师提供了根据不同情况进行调整的灵活性，但由于没有现成的体系，所以存在一定的缺陷。

## 三、翻转课堂在体育教学实践中的应用建议

### （一）增强学生兴趣

在体育课程传统教学模式中，体育课程主要通过教师在前面进行示范和教学，学生则通过观察和模仿进行学习，课堂的主要时间和节奏都在教师地把控中，减少了学生的自主练习时间。这种形式的教学忽略了学生的个体差异性，营造了一个单板、沉闷的教学环境，抑制了学生的本性，打击了学生的学习积极性。

翻转式课堂教学模式的采取，通过学生课前观看教学视频和教学资料等形式，提供给了学生一个充分自主的学习空间和时间，让不同接受能力的学生都有一个充分的自我学习时间。这种以学生为主体的教学模式，不仅仅充分的尊重了学生的个体差异性，也在学生互相交流和沟通的过程中有效的增加了学生的自主表达能力、学习能力、创新能力、合作能力，营造了一种开放、愉悦、自由的学习环境和氛围，有效地增加了学生对体育课程的学习兴趣，兴趣的提升能够从学生的学习效果中充分地体现出来。

### （二）科学合理的评价

在传统的教学模式中，对学生的学习评价主要通过学生期末的考试成绩来实现学科评价。在翻转式课堂教学模式中，对学生的学习评价主要综合考虑学生在课前学习的情况，课中学习表现以及最终的技术测评三个部分共同构成学生的学科测评。在这种评价过程中，充分考虑了学生学习的各个方面，但是要切实把握各个部分所占的比例，实现有据可依，避免测评的主观化。由终结式的教学评价转变成过程性的教学评价，实现了评价的科学合理性，同时通过这种方式可以帮助教师充分掌握学生的学习情况，对学生的学习心理变化过程进行把控，为有效提升和引导学生的学习提供依据。

### （三）加强信息技术的支持

翻转式教学模式是一种依靠信息技术网络发展起来的一种新型教学模式，所以在实行翻转式课堂教学模式中，必须要有硬件设施的支持。在翻转式课堂教学模式中不管是教学视频的录制、教学资料的收集，还是课前学生通过视频进行自主学习都需要计算机等硬件设施的支撑，然而受家庭经济条件的影响和学校制度的要求，并不是每一个学生都配有电脑等硬件设施，这种客观情况的出现，为翻转式课堂教学模式的推行带来了难度。

# 第六章　校园体育文化的发展与传播

发展校园体育文化是学校教育教学的重要组成部分，是培养学生德、智、体、美、劳全面发展的重要途径，更是培养学生的体育兴趣和终身体育意识的有效手段。校园体育文化氛围直接或间接地影响学生参与体育活动的意识和能动性。本章分为校园体育文化相关概念解析、校园体育文化的产生与发展、校园体育文化的多元化传播、校园体育文化的现代化创新四部分。主要内容包括：体育的概念、文化的概念、校园文化的概念、校园体育文化的概念等方面。

## 第一节　校园体育文化相关概念解析

### 一、相关概念解析

#### （一）体育

对于体育的定义有：高等教育出版社出版杨文轩等主编的《体育概论》中认为"体育是以身体运动为基本手段促进身心发展的文化活动"；韩丹在《论体育概论的研究》中认为"体育是在学校通过有选择的身体活动，对学生的身体发育和运动技能形成的有目的，有组织，有计划的教育"；梁红梅在《体育概念的重新界定》中认为"体育是以身体培养为基础的身体活动"；陆作生在《我国体育概念的界定》中认为"体育是为了更好地实现运动价值，而不断提高或展现运动水平的文化活动"等。

#### （二）文化

文化与人类历史发展相伴相生，千百年来，不计其数的学者对文化概念进行了界定，但始终莫衷一是。中国古代，最早对"文化"这一概念进行解释的

是《易经》，在《补亡诗·由仪》中指出"文化内辑，武功外悠"，这时的"文化"指的是文治教化，是与武治相对。可见，中国所认为的"文化"一开始就专注于精神领域。沙莲香教授从社会学的视角出发，认为"文化是凝聚在一个民族的世世代代的人身上和全部财富中的生活方式的总体"。石伟也从人类学的角度定义文化："文化是在实践过程中认识、掌握、改造客观世界及其保存、创造的物质和精神产品和社会制度的总和"。目前，较为权威的定义是我国出版的《辞海》中对文化的定义，把文化分为广义和狭义。"广义的文化，指的是人类社会历史实践过程中所创造的物质财富和精神财富的总和；狭义的文化，指的是社会的意识形态，以及与此相适应的制度和组织机构"。我国人类学家比较一致的看法是：文化就是人们的生活方式。从一般意义上说，文化是由一代代人传下来的对于存在、价值和行动的共识，可以表示为人们的态度和行为。可见，文化形成了社会与人们共同生活的基础[23]。

在英语语境中，从词源来看，Culture 一词则来自拉丁文 Cultus 和 Culture，原为动词，有"耕种土地""居住""练习"等多重意思；而后经过演化，变成对人品德的教养、对人性情的陶冶、耕耘智慧的含义。19 世纪上半叶，文化开始作为特定的研究对象。1854 年，他又出版了《普通文化学》，此后，有一大批学者对文化学进行研究。1871 年，英国学者泰勒（E.Tylor）首次对文化进行定义，认为"文化是一个复杂的整体，包括知识、艺术、法律、风俗、道德、信仰以及作为社会成员的人所拥有的一切习惯和能力"[24]。这种定义是从人类学的视角出发，第一次将文化看作是"一个复杂的整体"和"文化是整个的生活方式"。在此之后，许多学者都提出了自己的观点。

至今，学界还没有统一文化的概念，企图给文化概念确定外延是徒劳的。但是，文化概念的发展具有两种不同的道路：一是静态的文化实体，二是动态的文化活动。泰勒是从静态看文化，而皮尔森（C.Peursen）是从动态看文化，认为"文化的一个方面是传统；另一个方面是人的活动"。1980 年，海尔什科维茨（Herskivits）认为"文化是民族的生活方式，一个社会是遵循一种特定生活方式的集合体"[25]。1986 年，Samovar 和 Porter 认为"文化是通过个人和集体的共同努力而获得的知识、经验、角色、空间关系、信念、价值、态度

[23] 刘书博. 如何面对中国传统体育文化边缘化局面 [J]. 搏击（武术科学），2013，10（02）：79-81.

[24] 赵学琳. 文化生产与文化先进性研究 [M]. 北京：中国社会科学出版社，2014.

[25] 刘军. 校园文化视野下的学校德育研究 [M]. 合肥：合肥工业大学出版社，2012.

的积淀"。1989年，吉尔特·霍夫斯塔德（Geert Hofstede）把文化定义为"心灵的软件"。即"人就像电脑不能脱离软件、程序工作那样，不能脱离文化生活"。

综上所述，国外对文化的定义是从人类的物质生产活动出发，继而引申到精神领域，与"文明"更为贴切。之后对文化概念进行界定的学者，分别站在自身学科立场上对这一概念进行了界定，并尝试对文化概念进行一个普适性的界定，虽然这种努力的效果不佳，但是这给我们分析文化、解读文化提供了启示，普适性的文化概念是不存在的，文化概念往往是依附于研究主题或学科领域的。文化的概念主要包括：行为方式，历史的沉淀，社会组织，经济及政治制度关系，价值观念、伦理道德及标准，积累起来的学问和知识，思想感情、信仰的方式，人们的全部生活方式，个人从自己和其他群体获得的社会遗产等。因此，我们应从动态的、历史的、多元的视角来审视这一概念，尽可能去理解不同历史阶段，不同学科背景，不同视角所提出的不同的"文化"概念。

## （三）校园文化

### 1. 校园文化的概念

关于校园文化概念的认知，有一部分学者认为校园文化就是社会活动，将校园文化视为课外活动，认为所有课堂教学以外的活动都是校园文化。这类观点具有一定的局限性，把校园文化的内容的范围缩小了。

另一部分学者认为校园文化就是对课堂教学的补充。这些学者认为在学校的生活中根据学生的需要和学校的办学条件来进行补充，以提高学生的综合素质，使他们成为社会有用的人才。

上述相关研究有助于我们深入了解校园文化的内涵，但这些关于校园文化的概念界定都有一定的局限性，只是从一个侧面来描述校园文化的特征，存在着两点不足之处：一是把校园文化等同于娱乐文化或是精神文化；二是把校园文化的主体缩小化，把校园文化的主体默认为是学生，而忽略了教师、后勤人员等其他也对校园文化发挥了作用的因素。

校园文化必定具有两个特性：第一，校园文化是社会文化的一部分；第二，校园文化必定是在校园这个特殊的环境下形成的文化。这样我们就不难给"校园文化"做个初步的概括和总结，它是在教书育人这个主体环境下，以师生为主体，以教育为导向，以学校支持和管理为辅助，全面培养学生健康人格为目的，

由全体校园人共同创造出来的所有物质和精神的总和及其创造的全过程[26]。

校园文化的出发点是学校全体的全面发展，它是以特定的文化环境和文化活动为载体，在关注校园物质文明和精神文明的同时，偏重精神文明建设，在这样的条件下达到全体校园人的全面进步和发展。大学的主要目标是为社会培养合格的人才，思想政治教育是学校教育的主要途径，最终的目标也是为社会输送人才，这就离不开校园文化的积极作用。

积极的校园文化要发挥其有效的思想政治教育效果和功能，也就离不开和谐的校园文化对全体师生的指导和规范。这与高校的教育目标是一致的，并由高校的教育任务决定。高校的教育目标是培养社会主义事业的合格建设者和接班人，而高校校园文化就是引导师生将精神文化转化成自己的奋斗理念和前进的方向[27]。在这种理念的鼓舞下，学生们会通过努力学习，不断朝着自己目标前进；广大教师不断完成自己教书育人的使命；后勤保障人员为以上活动的顺利实施提供各种保障和支持。

2.校园文化的特点

对于高校中的师生群体而言，校园文化的发展变化是细微的、不明显的，但正是这种细微的变化却有影响和引导高校环境中的每一个人的巨大力量，使其呈现出独特的文化特点。

校园文化是一种具有自身特色的亚文化形态，反映学校的整体精神面貌。不同学校的校园文化具有许多共同的特点，主要表现如下。

（1）传承性和创新性

①校园文化具有传承性。校园文化一旦形成，便伴随学校的整个发展进程，不因时代、社会制度的变迁而消失。

②校园文化具有创新性。学校存在校园文化、社会文化、企业文化等多种文化的交流与渗透，校园文化建设中，学校师生不断地吸收、借鉴其他优秀文化的精髓，为校园文化注入新的内涵，创造出新的文化载体和表现形式。校园文化的创新性，要求学校必须不断提升办学理念，凝练校园精神，完善基础设施，深化教学改革，加强校风建设，健全各项规章制度和行为规范，强化内部管理，不断吸收其他优秀文化的精髓，创新校园文化的内容和形式，努力营造格调高

[26] 石丽妃. 浅析中职学校茶文化进校园的建设 [J]. 科技资讯，2020，18（17）：200+202.

[27] 吴军. 新时代高校思想政治理论课实践教学保障体系研究 [J]. 昭通学院学报，2020，42（06）：7-12.

雅、内涵丰富、形式多样的校园文化。

（2）层次性和综合性

①校园文化具有层次性。首先，文化有先进文化与落后文化、积极文化与消极文化、高雅文化与通俗文化之分，内容上包括物质文化、制度文化、行为文化和精神文化四个层次[28]。其次，由于学校师生的思想状况、人生态度、智力水平、兴趣爱好、生活品位以及文化需求各不相同，校园文化只有区分为不同层次，才能使广大师生都能从中受到教育和启迪，不断地得到进步和提高。校园文化的层次性，要求在校园文化建设中，要兼顾不同师生群体的文化需求，积极构建多层次、多类型、系列化、大众化、规模化和精品化的独特校园文化氛围，努力打造适应面广、内涵丰富、雅俗共享的校园文化，为不同需求群体提供不同层次的文化服务。

②校园文化具有综合性。首先，校园文化所反映的不是某个人或某个单独的事件或活动，而是学校全体师生的各种行为活动以及在各种活动中所创造的物质财富和精神财富的综合反映；其次，校园文化反映在学校教育、教学、科研、管理、服务及校园生活等各个方面及各个环节之中，并影响着各个方面及各个环节的效率和质量。校园文化的综合性，要求在校园文化建设过程中，学校各部门必须齐抓共管，统筹协调，群策群力，共同促进校园文化建设各个方面统一、协调发展。

（3）共同性和独特性

在社会主义国家，各高校都具有一个共同的育人目的和职责，就是为社会培养人才。各种类型的教育有其共同的基本规律，如必须调动师生双方的积极性，必须适应学生身心发展的特点，必须遵循理论与实践相结合原则、因材施教原则、启发性原则等基本教学原则，这些都决定了不同学校的校园文化具有某些共同性的特点[29]。

不同学校的发展历史、校纪校规、领导风格、培养目标、专业特点、教育实践及所在地区文化环境等具体情况各不相同，因此校园文化又具有独特性，这种独特性是校园文化不断发展的基础。实践工作中，充分把握校园文化的共同性和独特性，既有利于促进各种校园文化的相互渗透、相互融合、相互促进、共同发展，又有利于保持不同校园文化自身的特点和风格。

[28] 张秀杰. 大学生公寓文化建设探析 [J]. 教育观察（上半月），2016，5（04）：56-58.

[29] 杨秋仪，吕忠福. 中外音乐教育比较 [M]. 武汉：华中师范大学出版社，2010.

（4）导向性和情感性

校园文化对师生的思想观念、道德品质、人生态度、行为规范、思维方式及生活方式等都具有一定的导向作用，能引导师生朝着一定的方向发展，提高师生文化素质和审美情趣，培养师生良好的道德修养和意志品质，具有导向性。

校园文化与学校师生的心理活动、情感态度紧密相连，能在一定程度上反映并影响到他们的情感态度、情感体验和情感表达，因而具有情感性。实践工作中，充分利用校园文化的导向性和情感性，能引导师生向着积极、健康的方向发展，安心地学习、愉快地工作、健康地生活。

（5）渗透性和多样性

①校园文化具有渗透性。首先，校园文化渗透在师生的思想观念和言行举止中，渗透在师生的学习、工作、生活和情感中，影响着师生的人生观、价值观和审美观，促使他们自我约束、规范言行。其次，在学校与社会、企业的接触中，校园文化与社会文化、企业文化相互交流、相互渗透，既影响学校师生的学习、工作和生活，推动校园文化不断创新，也会影响并促进社会文化和企业文化的创新和发展。

②校园文化具有多样性。首先，从内容上看，校园文化包括物质文化、制度文化、行为文化和精神文化四个方面，内涵丰富，形式多样；其次，从载体上看，校园文化通过各种管理制度、教学设施、仪器设备、校园环境、建筑、网络、图书馆、陈列室、宣传栏、社团组织及文体活动等载体得以体现。这些文化载体是校园文化形成、发展和体现的物质基础，文化载体的多样性，促进了校园文化多样性的形成。

（6）开放性和互动性

校园文化与社会文化、企业文化等多种文化保持着积极的交流与融合，学校师生时刻保持着学校与社会、企业的交流，网络技术的发展给师生带来了丰富的文化信息，不断丰富校园文化内涵，各个学校之间也存在教学、科研、管理、文化活动等方面的交流与合作，这些都使得校园文化具有开放性。

校园文化的互动性是指学校内部特征和外部环境时刻保持着互动与交流，促使校园文化和社会文化在保持和发扬各自已有的优秀文化内涵的基础上，不断创造新的文化内涵。实践工作中，充分认识校园文化的开放性和互动性，加强与社会、企业的联系与交流，取长补短，有利于促进校园文化、社会文化和企业文化的不断创新与共同发展。

### （四）校园体育文化

对于高校校园体育文化概念的界定，王湛卿在《高校校园体育文化建设研究——以武汉市为例地区高校为例》一文中认为：高校校园体育文化的定义是"在高校体育特色即大学校园环境建设，根据学校体育和体育教育课程目标是教师与学生参与为主，以身体练习为手段，以不同的运动为主要内容，具有独特的群体文化"。在刘淼的《高校校园体育文化建设研究》中认为高校校园体育文化的定义是"以校园为空间，在整个学校教育过程中，由高校全体师生员工在体育理论和体育实践活动中共同创造的物质财富和精神财富的总和"。在葛丽华的《校园体育文化概念之辨析》中认为高校体育文化的定义包括广义和狭义两种，广义的是"在高校校园环境中，师生员工在高校体育教育、活动和学习等的过程中创造出来的物质和精神方面的所有内容"；狭义的是"在高等院校历史发展过程中形成的，反映人民在生活方式、思维方式、价值取向以及行为规范上面有别于其他社会群体的一种团体意识和精神氛围"等。对于高校体育文化的概念除了以上的观点，还有很多说法；但是对于研究需要，拟定了一个广泛的概念："以高校校园为特定的环境，根据社会发展的需求，以培育良好的大学生为最终目的，它是体育师生及体育工作人员等一起创造体育物质财富和体育精神财富的总和"。

## 二、校园体育文化的内容

### （一）体育物质文化是"门面"

要想了解一所校园体育文化建设情况，最直观的媒介就是体育场地、体育建筑、体育景观等体育物质环境。这是校园体育文化建设的基础和保障。优化校园体育物质文化环境，有助于激发大学生参与体育运动的爱好与兴趣，同时使其逐渐被体育物质所蕴含的体育思想和体育文化所感染、所熏陶。因此，在校园体育文化建设中，体育物质文化的发展非常关键。国内外一流大学非常重视在体育物质文化建设上投入。

### （二）体育制度文化是"向导"

体育制度文化是校园体育文化的"向导"，起到约束和纽带的作用，是高校文化系统中最权威的因素。包括体育运动制度、规则、条例等。俗话说："国有国法，家有家规，校有校规"。校园体育制度文化就是用来引导和约束大学生的体育行为，保证校园体育活动的有序开展，维护校园体育的稳定。

## （三）体育行为文化是"风貌"

体育行为文化是校园体育文化的风貌，是以约定俗成的方式，比如体育教学活动、课余体育活动、体育竞赛、体育社团等，直接体现文化主体的实践活动，不仅反映一个高校的教风、学风、校风以及师生的精神状态如何，更是反映一个高校是否形成自己独特的体育精神。

## （四）体育精神文化是"核心"

体育精神文化是校园体育文化的核心，发挥着主导的作用。主要包括体育精神、体育思想、体育价值、体育道德等。要以体育精神文化建设作为高校校园体育文化建设的着力点，尤其是要树立高校体育办学理念，重点抓好大学生体育精神的培育工作，积极发挥体育精神对健康社会价值观塑造的作用，提高大学生道德素养[30]。北大、清华等百年名校注重体育精神文化的积淀，并不断创造历史辉煌的成功经验就非常值得借鉴。

# 三、校园体育文化的价值

## （一）强身健体价值

在现在社会中，人们对"健康"一词的关注度和重视度越来越高。"每天运动一小时，健康生活一辈子"成为人们健康生活的理念。要想拥有一个健康的体魄，参与体育运动是必不可少的。同样，在高校，"健康第一"始终是学校体育工作长期坚持的指导思想。高校大学生既具有良好的体育意识和体育技能，又能够合理地支配自己的休闲时间。因此，丰富多彩的校园体育活动对于激发大学生参与体育热情和兴趣，营造良好的体育文化氛围起着较好的推动作用[31]。校园体育文化活动，不仅有助于增强学生机体免疫力，促进血液循环，提高学生身体素质；还可以让学生精神焕发，学习精神更加充沛、旺盛，有助于保持愉悦心情，提高学习的动力和效率。此外，还可以起到减肥瘦身、保持身体匀称的效果。

---

[30]　孔凌. 从素质教育视角论高校校园体育文化建设的途径 [J]. 当代体育科技，2013，3（02）：96-97.

[31]　景福兴. 创新性定向运动对中学校园体育文化的影响 [J]. 教育现代化，2016（02）：262-264.

## （二）休闲娱乐价值

高校师生要想释放教学、科研、学习、生活等方面的压力，缓解精神上的紧张状态，最好的方法莫过走出课堂、走出宿舍、走出实验室、走向操场、走向户外，积极参与各类校园体育文化活动，尽情地在运动中挥洒汗水，领略体育的魅力，感受体育的快乐获取生活的乐趣，享受愉快时光，将一切劳心烦心之事抛于脑后[32]。校园体育文化不仅能够调节生活节奏，放松人们心情，充实大学课余文化生活，更能充分展现高校师生青春活力、魅力四射的风采。

## （三）个性发展价值

大学生通过参加各类校园体育运动，无论在身体、知识，还是在情感、意志、心理等方面都得到健康发展。校园体育文化对塑造大学生健全的人格、培养大学生高尚的品质起着无形的促进作用。主要体现在三大方面：一是有助于提高人际交往能力。在体育赛场、体育活动中，倡导"友谊第一，比赛第二"，有利于增进情感，促进友谊。同时，无论是进行技术切磋，还是对抗比赛，倡导尊重对方，有利于相互交流沟通，结交新朋友，提高沟通交际能力，扩大自己的人际交往圈；二是在心理健康方面通过体育运动和体育文化的熏陶，有助于保持愉悦心情，调节心理状态，帮助大学生缓解心理焦虑，释放抑郁、悲观等不良情绪，更加积极乐观地面对生活，促进身心健康和谐；三是在道德品质方面，有助于培养学生顽强拼搏的精神、沉着果断的品质、敢于挑战的意志以及竞争意识、协作精神。

## （四）审美陶冶价值

体育蕴藏着许多美的因素，体育运动给人带来美的熏陶，是对生活真、善、美的追求。现代奥运会创始人顾拜旦曾说过："体育就是美，体育就是正义，体育就是勇气，体育就是进步，体育就是公平"。体育之美无处不在，包括形体美、动作美、仪态美、心灵美。高校大学生运动会的入场仪式、团体操表演以及举办的各种健美比赛事实上都对体育之美的展示和欣赏，成为高校一道亮丽的风景线。因此，高校校园体育文化是大学生审美意识培养和陶冶的有效途径。通过体育运动和体育锻炼，可以培养大学生的行为美、形式美和心灵美，从而提升他们的思想境界。

---

[32]　丁喜成．悬臂浇筑连续梁墩顶临时锚固方案设计［J］．科技信息，2010（11）：694-695.

### （五）教育育人价值

体育是一门综合性的学科，也是一种特殊的社会文化现象。校园体育文化存在于高校校园这一特定环境中，其主体是高校师生，是大学文化的重要组成部分，具有独特的育人价值，对每个人产生潜移默化、暗示性、渗透性的教育引导作用，有利于高校实现立德树人的人才培养目标。实践证明，一所大学，拥有一个良好的校园体育文化环境，对学校教育育人工作起到事半功倍的效果。

一是促进智力的发展。坚持参加体育锻炼，可以增强大脑中枢神经系统的功能，使人的思维更加活跃，思路更加清晰从而促进人的智力和情商的发展。

二是树立集体意识和责任意识。苏联教育家苏霍姆林斯基认为："用学生创造的周围情景，用丰富的集体精神生活的一切东西进行教育，这是教育过程中最微妙的领域之一"[33]。校园体育文化是一个群体文化。在各类校园体育活动中，大多数是以宿舍、班级、年级、学院、学校为单位组织开展的，个人的得失和荣誉以及运动员、啦啦队、后勤服务队相互之间的配合均关系着集体的得失和荣誉。因此，校园体育文化有利于培养学生的集体主义精神、团结协作意识，增强责任感和荣誉感。

三是培养创新意识。体操王子李宁一句"一切皆有可能"的广告语代表着体育的无限超越精神，体育充满着创造性和可创造性。

### （六）德育价值

1. 校园体育文化德育价值的特征

（1）复杂性

大学生是高校校园体育文化的主体。大学生正处在人生的特殊阶段，在心理上，他们善于独立思考，求知欲强，创新意识强；自我意识不断发展，对自己各方面的认识大大提高，在生理上，他们热情高涨，精力充沛，日趋成熟，这些生理、心理的特点使得他们具有了独立思考、判断问题的能力。与此同时，这一群体也存在一些消极层面的特征，而且每个人又有不同于他人的心理特征。因此不同的学生所表现出来的行为极为复杂，在体育活动中也有各自的特点。大学生群体表现出来的复杂性特征，加之大学生思想政治教育是一种复杂的教育实践活动，与智育、体育、美育等都有着密切的联系，更使得高校校园体育文化德育价值的实现体现复杂性。

---

[33] 章罗庚. 校园体育文化导论 [M]. 长沙：湖南大学出版社，2009.

（2）多样性

从内容上看，高校校园体育文化不同于一般的中小学校园体育文化，其内容更加丰富多样。从其所拥有的项目看可以分为田径、体操、球类、民族体育、健美运动等等[34]；而大学生思想政治教育在形成过程中，不同的时期、阶段和不同层面受教育者的思想品德形成、发展和完善态势都有不同的表现。针对大学生群体来讲，他们从一般的道德情感的感悟、理解到较高层次的世界观、人生观和价值观的形成；从被动的服从于校规校纪到主动的发扬良好的道德修养等都具有多层次性、多样性的特点，高校校园体育文化内容的丰富性使其德育价值能够多样化地蕴含其中，对于更好地培养大学生形成正确的世界观、人生观具有重要的意义。

例如，乒乓球有着国球的称号，对于培养学生爱国主义教育、集体主义教育等方面有着重要的作用；而田径项目能够培养大学生不怕困难、不怕吃苦、勇攀高峰的精神；篮球等游戏类项目则能培养学生互帮互助的团队精神、增强学生对体育锻炼的兴趣等。

（3）渗透性

高校校园体育文化德育价值是高校校园体育文化在德育中所具有的价值，一定程度体现在校园体育文化与德育的关系上，二者相互影响相互补充，具有很强的互补性和渗透性。

一方面，德育能够渗透到校园体育文化的整个过程之中。因为，对于道德本身来说它就具有很强的渗透性，这种渗透性，既可以寓德育于智、体、美、劳等教育活动之中，又或者是可以通过他们以不同的形式呈现出来。

另一方面，校园体育文化是德育的重要载体，德育过程渗透于其中，通过校园体育文化呈现出来，使学生最终形成正确的世界观、人生观和道德观。在实际过程中，二者是目的与手段的关系，相互影响相互补充。这使得高校德育必定具有渗透性的特点[35]。

2. 校园体育文化德育价值的主要内容

高等学校是对大学生进行思想政治教育的主要载体，对高校思想政治教育内容的深入探讨与研究，对于我们理解高校校园体育文化德育价值具有十分重

[34] 陈贻坚. 新课程背景下体育与健康教学中生命教育的渗透 [J]. 学校党建与思想教育，2012（26）：24-25.

[35] 上海科技教育系统思想政治工作研究会. 做大学生全面发展的人生导师：第四届上海高校辅导员论坛优秀论文选 [M]. 上海：上海教育出版社，2008.

要的意义。

（1）高校思想政治教育的主要内容

①爱国主义教育。爱国，是表达对自己祖国热爱的一种感情。爱国主义教育既是大学生思想政治教育的主旋律，更是大学生思想政治教育的主要内容之一。对于大学生群体来讲，对他们进行爱国主义教育，使他们认识到中华民族几千年以来的文明，继承和发扬爱国主义的优良传统，对于增强大学生的民族自豪感和自信心，凝聚大学生的思想力和创造力，号召他们为中华民族的复兴而奋斗，促进他们正确人生观的形成和实现，具有十分重要的意义[36]。也是构建社会主义和谐社会的思想基础和重要保证。爱国主义教育的内容也是与时俱进，随着时代的发展发生着变化。对大学生进行爱国主义教育，要根据大学生自身的特点，采取多种形式和途径，引导他们正确认识爱国主义在当代的时代价值，正确认识在经济全球化新形势下如何正确地弘扬爱国主义，以热爱祖国、贡献力量，建设社会主义为最大光荣，为把我国建设成为社会主义现代化强国贡献自己的全部聪明才智。

②集体主义教育。集体主义是我们应该遵循的社会主义道德，对于大学生群体来说，他们生活在校园中，要对他们进行集体主义的教育，作为他们调节个人与个人之间、个人与集体之间利益关系的准则。对大学生进行集体主义教育，一方面要通过理论课，帮助大学生树立集体主义道德思想，正确认识和处理国家、集体和个人之间的利益关系，局部利益服从整体利益的关系以及当前利益服从长远利益的关系，同时，还要利用多种形式，把高校德育寓于体育活动之中，通过多种形式的大学生校园体育活动，通过多种多样丰富的体育活动在体育活动中培养大学生集体主义的道德品德，探寻增强高校大学生思想政治教育实效性的新形式。

③社会主义纪律教育。纪律是指一定社会组织为实现组织目标要求其成员所必须遵守的一种行为规范。在社会主义制度下，对大学生进行社会主义纪律教育是大学生思想政治教育的一项十分重要的内容，对他们进行纪律教育，应该讲明白纪律与自由之间的关系，自由和纪律相互制约又相辅相成，是一对矛盾体，既对立又统一。纪律是对自由的限制和约束，也是自由的保障。

④人文素质教育。大学生进入大学校园之后，其基本素质不仅应该包括思想政治素质、专业素质、身体素质等，更重要的是要具有一定的人文素质。在这里，人文素质主要是指通过一定的教育提高全体大学生的文化品位、审美情

[36] 邓演平. 大学生思想政治教育论 [M]. 长沙：湖南大学出版社，2010.

趣。通过加强校园文化建设，营造浓郁的校园文化氛围，大学校园文化对于大学生培养良好的道德品质、塑造优良的意志、陶冶情操都具有十分重要的意义。

（2）体育德育价值的主要内容

从主体的角度出发，可以将体育德育价值的内容大致划分为两个部分，即对社会发展的价值和对个人发展的价值，下面对这两种功能做一简要的分析。

①对社会发展的价值。当前，中国特色社会主义事业已经形成了由社会主义经济建设、政治建设、文化建设、社会建设和生态文明建设构成的五位一体的总体建设格局，指明了社会主义物质文明建设和社会主义精神文明建设紧密结合、相互促进的发展之路[37]。而体育具有推动社会主义物质文明和精神文明建设的价值。

其一，对社会主义物质文明建设具有促进作用。社会主义物质文明建设从根本上讲是以大幅提高社会主义生产力为目标的。体育不仅可以让人们认识到在体育活动中遵守竞技规则的重要性，还可以使人们领悟到强健的体魄和健全的心理在社会主义物质生产建设中的基础性作用。接着，体育将这种认识现实化到人们的生产活动之中，从而提高了劳动生产力，创造出了更为丰富的物质财富[38]。

其二，对社会主义精神文明建设具有推动作用。体育德育价值主要面向的是人们的思想，其对于社会主义精神文明建设的作用鲜明地体现在它极大地提高了人们的思想素质与政治道德水平，尤其是促进了体育精神的形成。所谓体育精神，是指体育活动参与者在体育活动中所展现出来的积极上进的精神风貌。体育精神对当前我国的社会主义精神文明建设具有十分重要的作用，体育精神的广泛传播为高扬社会主义核心价值体系、创新社会主义文化体制提供了一个新的视野，有助于社会主义精神文明的发展。由此可见，通过崇尚拼搏、超越、公平和实力的体育精神这一纽带，体育发挥着推动社会主义精神文明建设的作用。

②对个人发展的价值。体育对个人发展的价值主要体现在对体育参与者的身体素质、思想品格以及身心和谐的重要作用和影响上。

首先，有助于个人身体素质和思想品格的发展。一方面，体育让人们认识

---

[37] 潘家华.生态文明建设的理论构建与实践探索[M].北京：中国社会科学出版社，2019.

[38] 陈伟，魏万珍，王清芳，等.体育道德论[M].成都：四川科学技术出版社，2008.

到体育活动对保持身体康健的重要作用，并将这种认识转化为行动，积极投身到体育活动中去，从而使自身的身体素质得到提高。另一方面，体育有利于培养个人的优秀品质和优良的道德作风，在体育活动中，活动规则、裁判和道德规范等都蕴含着体育德育价值，它们不仅可以培养出良好的体育道德和坚韧持久、自强果敢的意志品质，还可以塑造出服从裁决、遵守纪律、文明守礼、团结互助、顾全大局、勇于负责、诚实守信、坚持理想等一系列优秀的行为作风，这些宝贵的功能是其他学科和活动难以望其项背的。

其次，有助于个人身心和谐的发展。促进个人身心的和谐发展是体育的德育功能的最高理想，体育活动中对公平公正、奋勇拼搏的精神的追求说到底是为了实现个人的全面发展，实现个人身心的协调统一。由于国内社会主义市场经济体制的建立和运行，使得现今社会中不可避免地出现了浮躁、悲观的思想风气，人的身体和心灵间开始显现出某种隔膜，这种矛盾对于社会主义和谐社会的建设无疑是一种阻碍，而体育则通过承载着积极向上的文化精神的体育活动将人的身体和心灵连接了起来，在体育活动中，个人既增强了体质，又享受到了精神上的愉悦，实现了身心的和谐发展。

（3）高校校园体育活动德育价值的主要内容

基于对高校思想政治教育内容及体育德育价值内容的研究，高校校园体育活动的德育价值主要有以下几方面。

①爱国主义教育发挥导向功能。随着2012年伦敦奥运会如火如荼的召开，体育运动也再次成为全世界关注的焦点，当五星红旗一次次的升起，当国歌一次次的回荡在伦敦体育馆里，每一个中国人的爱国主义情感油然而生，可见通过体育运动进行爱国主义教育是体育德育发挥导向功能的重要方面。

②集体主义教育发挥凝聚功能。集体主义精神和团结协作的优良品质是大学德育的一个重要内容，高校校园体育文化为大学生培养这种精神和品质提供了实践条件。在高校校园体育文化中，凝聚功能主要是指通过体育竞赛等一系列活动，能够充分激发广大青年学生的集体荣誉感，并通过这一过程使他们树立起正确的世界观、人生观、价值观，同时，形成良好的道德观念、集体主义荣誉观念。

体育运动中我们熟悉的篮球、足球、排球、接力赛跑等运动项目都是以集体的形式进行比赛的，想要取得最后的胜利靠的是全体队员的密切配合和统一发挥，而做到这一点，必须具有共同的责任感和集体主义情感。高校校园体育文化的内容、形式和手段，使得这种集体精神发挥得淋漓尽致，而这种集体主义精神所产长的凝聚力小到一个班级，大到对一个国家和民族的团结、统一都是至关重要的。

③组织纪律教育发挥约束功能。大学生群体虽然心理生理已经比较成熟，但也存在着消极的一面，例如，过于散漫、自由主义思想盛行，不遵守规则等。因此，抓好组织纪律教育，对于高校德育来说是一个至关重要的方面，这也是高校德育的重要要求。在校园体育文化中，有意识的向学生灌输遵守纪律是大学生行为规范的要求，在运动竞赛中，学生必须严格遵守竞赛规则等，使他们认识到各项运动竞赛规则和任何法律一样，具有明确的合法与违法行为，并且在违反行为、规则后必须承担相应的后果。使体育运动成为广大学生增强法制观念，提高自我约束力的好课堂，通过在体育教育中长久潜移默化的影响，加强其组织性、纪律性道德品质，发挥体育德育的约束功能。

④校园文化教育发挥文化渲染与审美功能。高校校园体育文化是校园文化的重要组成部分，能够体现体育的认知、体育的价值观念以及体育精神，并由此带来对整个校园人的行为方式发生重大影响的体育制度系统，它是具有独特表现形式的一种群体文化。

在这个过程中，大学生是校园体育文化形成和表现的主体，而高校校园也不同于一般的中学、小学校园，高校校园文化丰富多彩，对大学生的学习生活有着重要的影响[39]。

⑤竞争意识教育发挥激励功能。长久以来，体育在培养大学生形成正确的竞争意识方面所起的作用是不可比拟的。它不仅是竞争精神表现突出的领域，也是培养学生具有竞争精神的实习场地。在体育比赛中，一方面，体育项目本身具有的竞争性，能激发学生的信心、勇气和积极进取的精神，最大限度地激发学生内心的激情、体能和智慧，为自己和集体获得荣誉，培养他们的奋力拼搏、勇往直前的优秀品质。另一方面，公平竞争是所有体育比赛最为重要的前提，同时，它也是一种十分重要的思想品德教育，在体育比赛中通过竞争意识的培养，使学生能够正确看待竞争的胜利和失败，不因成功而骄傲，不因失败而气馁，这对于他们日后走进社会，面对竞争提供了锻炼的机会，打下了良好的基础。

[39]　郭传鑫. 创建高校体育俱乐部竞赛体制的设想 [J]. 聊城大学学报（自然科学版），2007（04）：80-83.

## 第二节　校园体育文化的产生与发展

### 一、体育文化的起源

#### （一）劳动起源论

从总体上说，人类的文化是通过人类自己的双手和大脑的思维创造出来的。早期人类在求生中学会了奔跑、跳跃等技能，并在追捕猎物等活动中，发展了速度、耐力、力量、灵敏性等各种身体素质。这时的体育鲜明地体现为以生存为直接目的而进行的各种能力的训练。

#### （二）军事起源论

从个人之间为争夺狩猎得来的猎物而产生的冲突发展到后来部落之间的武装冲突，各部落为了提升自己的力量进行了有组织的身体训练。

#### （三）游戏起源论

原始人在获得大量猎物后，特别是在丰收之后，聚集在一起以游戏欢舞的方式庆贺，这表明了体育是在跑、跳、投等劳动形态中演化出来，并以欢唱和舞蹈来表达内心喜悦的。

#### （四）教育起源论

随着生产劳动的发展，在军事、游戏中演变出来的运动技能、技巧，以劳动教育的方式传授给后代。这既发展了上述各种技能和身体素质，又使人类逐步脱离了动物野性，向人性方向进化，形成了具有文化内涵的体育生活。

### 二、校园体育文化的发展

文化是指精神生产能力和精神产品，包括一切社会意识形态：自然科学、技术科学、社会意识形态，有时又专指教育、科学、文学、艺术、卫生、体育等方面的知识与设施。

体育文化是文化的从属概念，它综合了各种通过锻炼身体来提高人的生物学潜力的范畴、规律、制度和物质设施。校园体育文化是以学生为主体，以课外体育文化活动为主要内容，以校园为主要空间，以校园精神为特征的一种群体文化。

### （一）古代学校体育文化

古代体育尚处在原始教育阶段，因此，还谈不上是具有规模的学校体育，当然就更说不上学校体育文化了，但它也表现了不同时代的体育文化现象[40]。

### （二）近代学校体育文化

我国学校体育从孕育到诞生经历了一段漫长的历史过程。从1840年开始，资本主义列强用炮火轰开了我国闭关自守的大门。伴随军事侵略，国外传教士纷纷来到中国，建立教会、兴办学堂，进行体育文化渗透，并在校园里积极开展了各种西方体育活动。

### （三）现代学校体育文化

五四新文化运动对学校体育的贡献在于剔除了兵操内容，将体操课改为体育课，并引进西方体育。这虽然是文化流动的结果，但也引起了传统体育文化的冲突。然而由于文化的融合性，这种冲突才逐渐缓和。尽管如此，学校体育还是在封建道德观的束缚下举步维艰。直到新中国成立，学校体育才确立了增强体质的目标，并为自身的发展开辟了广阔的前景。

### （四）当代学校体育文化

当代学校体育文化在坚持具有中国特色的社会主义体育教育方向的同时，既要发展中华民族传统的体育文化，又要引进国际先进的体育文化。校园体育文化的宗旨主要是培养学生的体育精神、体育意识和体育技能，提高学生的体育文化素养，增进学生身心健康，并在此宗旨指导下开展多种多样的校园体育文化活动。

## 第三节 校园体育文化的多元化传播

从体育运动的传播到体育文化的传播，这是目前我国在体育事业发展方面做出的新的飞跃，其对国家社会和体育事业发展的意义是毋庸置疑的。在体育

---

[40] 王志强，徐国富. 大学体育与健康教程 [M]. 西安：西安电子科技大学出版社，2014.

文化的传播方面，目前各个领域都在进行积极的探索。但由于传播理念、舆论潮流、民众诉求等方面的因素，体育文化的传播还存在一些短板和不足，这是我们在体育文化传播中迫切需要解决的问题。

## 一、校园体育文化传播的功能

### （一）激励功能

高校校园体育文化具有激励功能，具体来说就是指通过校园运动场馆和设施，体育运动宣传标语，精彩的体育运动竞技与比赛，生动活泼的体育锻炼与休闲活动等，来感染大学生的情感和意志，激励大学生积极主动地投入到体育运动锻炼的大环境中来。校园文化具有激励功能，高校校园体育文化的不同层次都具有这一功能，从器物层面，良好的体育运动场馆和设施，齐备的体育运动器材能够激发大学生参与体育锻炼的热情；从制度层面，良好的体育教育教学和运动场馆使用管理规定能够激励大学生持续地参与体育锻炼中来；从观念层面，积极活泼的体育运动氛围，优良的体育竞技风尚，自强不息的体育精神能够激励大学生不断超越自我，完善自我，现在几乎每所大学都会在运动场所展示一些诸如"每天锻炼一小时，健康生活50年，幸福生活一辈子"等体育宣传口号，每所大学都会努力争取建造体育场馆，每所大学都会努力完善体育教育教学水平，他们都奔着一个共同出发点：激励大学生长久的体育锻炼热情，养成终身锻炼的良好习惯。

### （二）导向功能

校园体育文化首先具有导向功能，指通过良好的校园体育运动环境和氛围，引导大学生形成以运动为荣、以锻炼为尚的体育价值认知，进而能够在实际生活中积极投身于体育锻炼，养成良好的运动习惯。大学生正处于身心发展的特殊时期，其世界观、人生观、价值观正处于不断趋向成熟定型阶段，一方面，这一时期的大学生思想观念极易受影响；另一方面，其所受影响又将是持久而深刻的。校园文化的熏陶和浸润，环境和氛围的感染和强化，是最能影响大学生价值观念的方式。因此，建设良好的校园体育文化，发挥其导向功能，对于大学生形成正确体育价值认知，养成良好的体育锻炼习惯，具有重要意义[41]。

---

[41] 罗艳春，邓小刚. 高校高水平运动队对高校校园体育文化的影响 [J]. 湖北体育科技，2012，31（01）：107-108+124.

### （三）提升功能

高校校园体育文化具有提升功能，具体来说指的是通过校园体育文化的渲染，养成大学生良好的体育锻炼习惯，升华大学生的思想境界，促进大学生全面发展。高校校园体育文化的提升功能包括三个方面的内容，第一，养成大学生良好的体育锻炼习惯，健全体魄，促进大学生身心协调发展；第二，通过校园体育精神和价值观念来提升大学生的思想境界和道德感悟；第三，促进大学生的德、智、体、美全面发展。正如前面所说，大学生处于身心变化发展的定型期，处于世界观、人生观、价值观的成熟期。因此，一方面健全大学生体魄，提升大学生的身心素质，是其成长成才的基础和前提；另一方面，通过体育价值和精神观念来养成大学生团结协作，自强不息，不断超越的品格，形成大学生积极乐观向上的人生观，价值观，这也是大学生成才成长的关键所在。

### （四）规范功能

校园体育文化具有规范功能，具体来说指校园体育文化能够规约大学生心理和行为取向的功能。校园体育文化包含在校师生的体育运动舆论氛围，体育锻炼心理氛围；包括体育场馆使用管理制度以及师生体育锻炼习俗风尚等。若一所高校具有良性的体育运动设施管理条例和制度，浓郁的体育锻炼氛围，它就能够对生活在其中的大学生产生积极的心理暗示，规约他们的体育锻炼和心理趋向，促使其作出积极的体育锻炼的行为取向。另一方面，校园体育文化所倡导的规则意识，也能够引导大学生养成遵守规则、按制度办事的良好生活习惯和心理取向。

### （五）净化功能

高校校园体育文化具有净化功能，具体来说就是高校校园体育文化能够净化学生心灵，净化校园风气的良好功效。随着信息化社会的到来，特别是最近几年互联网的飞速发展，校园内部与校园外部的世界日益紧密地联结在一起，过去那种认为校园是一片净土，是象牙塔的时代已经被现今的互联网时代所彻底颠覆，当今世界任何一处发生的事情，顷刻就能通过网络流传到校园之中，在校园内传播开来。这就导致了一方面学生可以了解外面的世界，开阔视界；另一方面，纷繁复杂的信息涌入校园，往往使大学生难以取舍和辨别，在网络虚耗大量宝贵时间的同时，更有甚者沉溺于网络游戏，严重败坏校风、学风、班风。网络时代的信息量爆炸，高频率，又容易养成大学生浮躁的习惯，静不下心思上课、看书和钻研，严重影响了教育教学质量和学生的成才。高校校园

体育文化倡导团结、拼搏、奋进；倡导积极、主动、开拓；倡导竞争、坚持、超越，建设良好的校园体育文化氛围能够引领大学生加入体育锻炼、娱乐健身的队伍中来，在体育运动中体验生命的活力，陶冶情操，抗拒网络的侵蚀和诱惑，净化心灵，进而净化校园内浮躁风气。

## 二、校园体育文化传播的不足

### （一）体育社团多样性差

体育社团是新时代校园体育文化传播的重要途径之一，但是目前中小学校体育社团的种类却非常少，主要集中为跆拳道、轮滑、武术、篮球和足球等，而登山、游泳等体育社团则相对较少。体育社团并不仅仅局限于体育活动的组成集合，其重要性应更多体现在体育拓展活动、体育竞赛组织以及体育知识交流等方面。目前各学校体育社团数量相对较少，活动内容主要是为学校相关体育活动提供人力支持，其自主竞赛、拓展活动组织以及知识学习讲座等活动非常少，大多时候都是自由练习和相互交流学习。在体育社团规范性方面，目前我国大部分学校体育社团构成都相对简单，只要人数达到学校设立标准，然后向校德育处等机构提交简单申请就能成立，并且社团建立之后也没有相应的定期审核行动，因此目前除了较少部分等级较高的大型社团之外，其他体育社团都存在人数少，缺乏统一管理和规范性差等问题。此类小型社团没有组织相关体育活动以及获得学习培训的能力，因此体育文化传播工作也很难进行。

### （二）基础设施使用率较低

目前大部分学校都配有专业的体育场馆和室外操场等，对于各种体育运动也配有相应的体育器材，但是很多学校的体育基础设施利用率并不高。对于体育场馆来说，很多学校的体育馆都是在有体育活动时才进行开放，场馆内的体操房、健身房以及球类场地也是一直处于封闭状态。对于例如乒乓球、羽毛球及球拍等消耗类体育器材，学校也都只在校运会等重大活动需要使用相关器材参加比赛时才进行使用，而学生平时无法进行借用或领用。另一方面，目前很多学校校内图书馆以及校报、校刊等，对于体育文化的资料储备以及宣传工作依旧不足。

### （三）过于强调体育文化理论

校园体育文化传播本应是校园文化传播的重要组成部分，但是目前大多数学校更为关注文化课的宣传学习，因此校园文化传播的主要内容都围绕文化课学习。

在体育文化传播方面，为了节约人力物力，有些学校便采用体育文化理论知识来代替体育活动。例如，有些学校因为铅球等运动存在一些危险性，因此只有上课的时候教师会进行简单示范，很多学生甚至从来都没有使用过铅球；而因为羽毛球是消耗品，其使用寿命很短，因此有部分学校会限制学生在羽毛球课上的羽毛球使用量，在上课过程中以教师讲解动作要领和空拍练习为主。另一方面，学校也很少组织体育活动，学校领导对校园体育文化建设不够重视，没有很好地进行体育文化宣传。因此，学生所接收到的体育文化宣传也只是网络上都有的理论知识，这导致学生对于学校的体育文化宣传更加不感兴趣。

### （四）校园体育文化发展缺乏特色

目前我国大部分学校在推进校园体育文化发展过程中，并没有注重体育文化精神的建设和研究，学校体育课程安排较为单一固定，教学内容千篇一律，没有个性化色彩。例如，学校体育项目主要有田径、篮球、足球、排球等，教学课程较为固定且单一，教学内容根据学期进行划分。因为体育课程教学无法对学生体育技能进行较好提升教育，因此很多学生在各种体育运动学习中都是蜻蜓点水，仅限于会，但是不精通。

目前，我国很多南方城市学校都有学校主推的校园特色体育运动，例如毽球、龙舟等，此类体育运动并不仅仅局限于传统体育项目，而更多的是学校因地制宜发展的体育项目。将体育文化与学校传统文化相结合的方式是非常好的体育文化传播途径，这使得校园体育文化更具特色且富有个性，可以有效激发学生参与体育运动的积极性和主动性，可以有效培养学生的终身体育意识和能力，高校的校园体育文化发展更为重要。

### （五）体育文化传播的学术资源不足

体育文化是对体育运动、体育精神、体育现象等文化层面的研究考量；它需要建立在权威机构、权威人士、专家学者和广大群众对体育文化的热情研究、积极探索基础上。但我们看到，目前国家体育文化传播在学术层面还有很多不足，如学校缺乏优秀的体育文化教材，媒体缺乏高质量的体育文化研究交流板块，出版社、书店缺乏高质量的体育文化刊物和文献……这种情况下，体育文化传播显得后劲不足，底气不足。

### （六）体育文化传播的内容娱乐化倾向

体育文化传播的内容存在娱乐化倾向，这也是一个显著特征。在泛娱乐化的媒体宣传走向下，很多大型新闻媒体、门户网站、体育栏目的内容都存在娱乐化倾向，以体育相关的花边新闻、趣闻、边缘内容为主；缺乏关于民族体育文化或世界体育文化的有深度、有理性、有质量、有权威性内容的传输传播。这样的情况下，体育文化传播的价值也就被大大压缩，人们无法真正认识到体育文化的魅力，也无法以体育文化引导自身建立良好的生活情趣、文化审美境界。

### （七）体育文化传播的路径狭窄而浅显

长期以来我国体育事业的发展特别是体育文化的传播方面发展相对落后，以至于目前体育文化传播的路径依然相对狭窄。简单来看，目前体育文化传播的路径主要有三条，其一是面向学生群体的，在体育课堂和体育教材中涉及部分体育文化的教育宣传；其二是政府部门、文化机构组织开展的各种类型的体育活动、体育宣传活动、公益宣传活动；其三是各类门户网站、自媒体平台中面向体育爱好者开设的体育栏目、体育资讯、体育文化传播频道等。在各条路径内，对体育文化的传播都非常浅显。譬如学校体育课程中的文化传播，老师往往是一带而过，对足球、篮球、踢毽子、太极拳等文化内涵的宣传教育没有深度、没有共鸣，学生的感受体验平淡无味。相对狭窄的传播路径和相对浅显的传播现状，不利于体育文化传播的良好发展。

## 三、校园体育文化传播的策略

### （一）丰富传播路径，优化传播渠道

全媒体时代，民众接触各类信息资讯的渠道非常多元化。相比起来，体育文化传播的路径就显得狭窄很多。为了全面推动体育文化传播的广泛覆盖，我们要建立全媒体的传播路径，同时兼顾线下的体育文化传播。从面向国际国内的各类新闻网站、门户网站、体育栏目板块；到依托百度、豆丁、腾讯等互联网公司、互联网平台建立的贴吧、论坛、微信、微博、抖音、火山、网课频道；再到线下的宣传册、宣传栏、宣传海报、线下的会议活动、课堂讲座等，甚至面向国际渠道的传播合作、文化互联等；全方位进行体育文化传播，如此才能精准锁定每个群体，提升体育文化的自信和共鸣。

### （二）发展具有创新性的体育社团模式

体育社团能够汇集来自不同年级、不同性格爱好的学生，他们都有着对体育的热爱，从而自发组成团体并相互交流体育知识，不断提升体育技能。这种自发性的体育社团模式在很多学校已经逐步建立，但是目前体育社团主要集中为轮滑、武术、篮球和足球等传统体育运动，而休闲娱乐性较强的体育社团则相对较少。同时，因为设立社团需要得到学校认可，因此很多学生都希望学校能够组建更多不同体育运动社团，从而让不同体育爱好的学生都能够组成相应团体进行体育交流学习，充分调动学生对体育运动的积极性，以及对体育文化的热爱。体育社团因其不受学校教师教学限制，因此其更具自由创造性，这能够使校园体育文化更加丰富多彩并健康持续发展。

### （三）进行体育文化传播内容的优化管理

娱乐化的体育文化传播倾向，体现的是部分体育文化传播平台追求点击率、追求广告效应，而缺乏作为媒体平台、传媒机构的舆论引导意识。要改变这一状况，需要以国家文化部门、体育部门为主导，通过和广电传媒机构的倾力合作，扭转体育文化传播的重心和方向。我们不能盲目追随民众的娱乐消费诉求，而要从文化传承发展的角度考虑，提炼民族体育文化、世界体育文化的精华与内涵，实现对体育文化的高质量传播。比如体操运动员的刻苦训练精神，女子跳水队为国争光的爱国主义情怀，举重、跨栏等各个体育运动领域中运动员身上的闪光点以及体育文化中的健康生活态度、乐观向上的生活情趣等。把这些内容作为体育文化传播的重点，才能真正让文化发力，助力国家社会的良好进步。

### （四）组织线上、线下相结合的体育竞赛活动

推动高校体育文化的广泛传播。目前，传统的体育竞赛活动已经不能满足广大学生参与体育活动的需求。线下体育竞赛活动受场地、时间等限制，对参赛人数有一定的限制，而且线下的高校体育文化竞赛活动开展过度，必将影响学生的学习，还将消耗大量的人力、物力。组织线上、线下相结合的体育竞赛活动是推动校园体育文化广泛传播的有效途径[42]。如今微信运动已经成为很多人坚持运动的动力，可以通过组织线上竞赛的方式传播体育文化，提高学生和教师传播体育文化的积极性，从而提升体育文化的传播效果。通过线上平台，

---

[42]　曹曲岩，姚大为. 新时代校园体育文化传播的重要性及实施路径研究 [J]. 边疆经济与文化，2020（08）：81-82.

学生也可以相互交流体育锻炼心得，促进高校体育文化传播。

中国的未来要靠青少年，体育竞技能力的发展可以增强国家的实力，所以教育好青少年的任务就落到了高校体育教师身上，高校体育教师肩负着培养合格的建设者和接班人的重任，高校教师有责任把体育知识教授给学生，让学生学以致用，培养学生的自主学习能力、让学生养成良好自主锻炼习惯、为学生以后的体育道路创造能力条件。高校的体育文化建设，能让学生的体育视野变得更开阔，还能提高大学生的身体健康水平和社会适应能力，培养学生勇敢、果断、顽强和不怕苦和累的优良品质，培养学生挑战自我、崇尚科学创新的工匠精神；培养学生舍己为人的精神和以德服人的理念；让学生树立正能量的世界观、人生观和价值观，忠于自己的信仰，厚植爱国主义情怀。

### （五）充分利用现代信息技术加强校园体育文化宣传

如今网络媒体发展迅速，学校也拥有自己的校内网和各学校之间关联共享的网络系统，在新时代体育文化传播过程中，网络路径不可或缺。网络传播相较于文字和广播传播最大的优势就是视频和论坛。例如，在校运会期间，学校可以将运动会情况在校内网或者一些校外网平台上进行分享，有些不方便参加运动会的学生可以利用网络来观看，同时，运动会项目往往都是平行进行，学生也可以在赛后观看自己没有看到的比赛实况。对于论坛功能，其主要优势是学生可以在论坛上进行学习讨论。例如，篮球、足球等团体运动，学生可以通过论坛相约训练或比赛。学生还可以通过论坛来讨论相关比赛赛事分析以及体育知识等，扩大学生的知识获取面，同时也提升学生对于体育文化的学习兴趣，促进学生主动获取体育文化知识。体育教学也可以采取线上、线下相结合的方式，采用翻转课堂的形式进行教学，进一步激发学生自主进行体育学习的兴趣。

### （六）做好体育文化的学术研究和文化产品的创新发展

体育文化的传播，需要立足于高质量的体育文化研究成果和丰富多彩的体育文化产品。我们不能空谈体育文化，而是要充分体现体育文化的价值、魅力。因此，需要鼓励各个领域文化学者、研究人员、专家教授共同致力于体育文化的学术研究，并积极打造多样化的体育文化产品。比如体育文化主题的期刊、书籍、电视节目、纪录片、精品课、宣传海报或者组织开展各种类型的文化活动等。要将体育文化纳入繁荣的文化产业中，才能为体育文化的传播提供优质的内容支持。

## 第四节 校园体育文化的现代化创新

### 一、校园体育物质文化的创新

体育物质文化包括体育雕塑、体育馆、体育器材、特殊体育产品（诸如奥运火炬）等[43]。体育物质文化创新，实际上是一种人文内涵通过有形体育物质体现出来，即人文精神的体现。独具特色的北京奥运会的人文奥运理念就体现出了较佳意境。设计独特的"鸟巢""水立方"等奥运场馆已经成为奥运建筑史上乃至世界建筑史上的经典。

体育物质文化创新主要体现在以下两点：一是树立正确体育人文观，形成独特体育物质文化。体育物质文化创新赋予以民为本，全民健身的精神实质，赋予体育物质文化凸显的时代特征与光鲜的地方特色。二是多途径投资，日臻完善体育物质文化基础设施。为此，首先在公共体育场地设施方面政府要加大投资力度，尽力迎合居民的基本体育物质文化基础设施需求。其次，需要激励社会各方面力量共同创办体育，依照社会阶层人群的差异性，建造高中低等不同层次的体育场馆。最后，体育物质文化资源要进行科学合理配置与运用。政府应采取有效的措施消除公共体育经费投入使用效率低、体育场地设施未能充分利用、社会体育指导员指导率较低这些现象[44]。体育物质文化资源合理配置中应大力发挥市场功能与作用，在公共体育文化资源科学合理配置过程中消除政府的独裁垄断现象，实现体育物质文化资源配置效率最优化。

### 二、校园体育制度文化的创新

一是遵守"精简、统一、效能"的规则，扫除抑制体育文化生产力发展的体制性荆棘。在宏观层面，国家体育文化行政机构要转变政府职能，实现从"办"文化转变为"管"文化，在微观层面，由社会各级主要体育文化部门，各种各样体育文化团体与社会化体育文化"市场"机制进行调节。

二是大力加速体育文化投资与融资制度改良开拓投资与融资门路，建立多

[43] 孙大光. 体育文化概论[M]. 北京：高等教育出版社，2013.

[44] 孙伟. 后奥运时期我国城市体育文化创新的路径选择[J]. 成都体育学院学报，2010，36（12）：1-5.

种多样的投资与融资体制。拓宽我国民间资本投放到体育文化的市场允许进入范畴，建设各种方式的体育文化经营企业，消除行业垄断与地区封锁，在体育文化资源配置中有效施展市场的基础性作用以及决定性作用，吸取全部社会力量办体育文化。

## 三、校园体育精神文化的创新

体育精神文化是指体育运动中的精诚合作、奋力拼搏、勇于创新、公平公正、民族精神、时代精神与奥林匹克等精神。通过体育运动培养自我健康的体魄、积极向上乐观精神以及对幸福生活的深深敬爱和执着追求，体育精神文化就体现在这种主动乐观的生活态度，能让参与主体在实践生活中树立坚强自信以及克服一切挑战形成强大正能量和推动力。体育文化的核心层表现方式通过人的精神形态呈现的，是无声无息且不容易发现的，它是蕴涵在人们脑海里的不同种类体育文化观念以及信仰。体育精神文化创新必须汲取外来体育文化的先进以及精髓部分，构成顺应当前人们生活习惯的体育文化，就一定要提升及完善人们的道德素养以及科学文化素养，满足人们日益增长的体育精神文化需求。

## 四、校园体育文化形式的创新

首要需要清晰理解其表现形式，体育文化形式多样化的重要性表现在思想观念或者核心价值文化以及操作或者实践文化两个层面，这两方面又各自表现在竞技体育文化、社会体育文化、学校体育文化的范畴之中[45]。

创新体育文化形式主要体现以下几个方面：第一，体育文化和区县经济发展特色相融合；第二，体育文化和文化以及旅游产业等相联合；第三，体育文化和爱国主义民族精神的教育相融合；第四，体育文化和低碳绿色休闲理念相融合；第五，体育文化和公共体育设施为群众提供免费开放相结合。同时提供方便、优良、高质量的体育文化健身服务，诸如篮球、网球、羽毛球、游泳、保龄球、足球等相关活动，推动了公共服务均等化在全民健身方面基本实现，满足了全民全方位、多元化的体育文化健身需求，成功地促进了当地居民体育文化健身科学化、健身方式长效化、健身形式大众化体制机制的构成。

---

[45] 李浩朱．现代体育文化传播与发展的再审视 [M]．北京：九州出版社，2016．

# 第七章 新时期校园体育文化的建设

新时期高校要全面贯彻素质教育，就要做好校园体育文化建设，使大学生在熏陶中实现综合发展。高校文化建设包含很多内容，体育文化建设是重要构成，通过这个部分的建设能帮助学生增强锻炼意识，使其养成良好的运动习惯。学生身体素质逐渐变好，在浸润中形成21世纪适应社会需要的精神品质，这样就能培养出德智体共同发展的人才。本章分为校园体育文化建设的原则与要求、校园体育文化建设的内容与形式、国内外校园体育文化建设的探讨、校园体育文化建设的结构与方向四部分。主要内容包括：体育文化建设对体育教学的作用、校园体育文化建设的原则、校园体育文化建设的要求等方面。

## 第一节 校园体育文化建设的原则与要求

### 一、校园体育文化建设对体育教学的作用

#### （一）营造高校体育教学的良好氛围

校园体育文化是滋养高校体育教学事业发展的土壤，是体育教学取得长足发展的养分来源。校园体育文化的丰富和乐趣性有助于体育活动成为学生们欢迎的文化活动，同时还能够促进学生潜能的发挥、能力的发展以及文化素养的提升，并且还承载着学生从"自然人"向"社会人"转变的重要任务。高校的体育文化生活为学生精神世界的构造和丰富提供了广阔的舞台。拥有浓厚体育文化的校园，是充满活力的校园，是具有优良文化底蕴的校园。公平、团结、自强、自信的健康向上的体育精神在体育文化中得以滋养和传播，它能够以其特有的魅力对学生的课堂生活和课余生活起到潜移默化的影响，体育文化是校园文化中参与人数最多、辐射范围最广、持续时间最长、对人的影响极其深远的文化活动。无论是高校师生还是教学本身，都受到环境的影响，通过从文化

环境中吸取养分，潜移默化，收受熏陶，可以实现不断地追求卓越。

校园体育文化以无声无息、无踪无影的方式影响着师生的心理，进而影响体育教学的方式和效果。它是潜移默化、耳濡目染的，是具有暗示性和渗透性的作用的。一方面，它以教师教、学生学的课堂教育形式，为学生们学习体育知识、技术和技能提供了良好的浓厚的外部氛围。通过切实可感的体育运动、严密有效的体育规则、规范的体育动作以及结合生命科学产生的体育指导，使参与者感受到体育运动给身体带来的无限变化，从而从内心深处接受校园体育文化的引导和熏陶，并逐渐内化为自身的潜意识的言行。另一方面，校园内的体育文化通过课余的体育活动对改善校园人的知识结构、促进身心健康发展起着不可估量的作用。由于体育文化自身的特点往往能够营造一种亲密无间、彼此信任的心理气氛，达到一种以集体荣誉为共同目标的价值取向，形成共同的道德标准和团队的统一信念。在体育文化的氛围和为共同目标努力奋斗的激励效应下，教师和学生会自觉地产生集体荣誉感，并形成强烈的责任感和使命感，任何人都会为了达成目标贡献一己之力，并且在体育教学过程中由于集体的力量、公正平等的精神，产生激励和进取向上的教育力量。让师生们在达成体育教学的目标的同时，感受和发扬人文精神，在追求真知的道路上勇敢探索。

### （二）培养高校体育教学中学生的主体意识

当今时代要求高校培养出全方位发展的、富有自主精神的具有创造力的人才，高等教育要在培养学生的自主意识方面做出更大的努力。主体主要是指对象性活动的承担者和发起人，而客体是对象性活动的受动者和接收人。学生的主体意识是在教育活动中，学生应该在教师的引导下完成任务和发挥作用，具体表现为自主性、能动性和创造性。学生主体意识的发挥是教育的核心，是素质教育的基本要求。高校大学生在教学活动中的自主性，首先表现在应该具有独立的、不轻易受他人影响的、坚定的自我意识，并且通过教师的启发和引导，能够自主探索提升自身能力的途径；其二，大学生在接受教育的过程中，应该充分认识到自身的能力，对学习活动进行自我调节和控制，充分发挥自身潜力和主观能动性。

然而，学校体育教育的中心目的仍然是增强学生体质，促进学生身心健康发展。只靠体育教育的时间来达到这目标是不可能实现的。因此，我们必须依靠校园体育文化的传播和熏陶来提高他们的认知水平，增强体育锻炼的基本的体育技术技能训练的意识，进行自主和独立学习的能力，最终让学生养成终身体育意识的良好习惯。

体育文化建设的过程本身包含着许多激发学生的体育兴趣，培养学生参与体育锻炼的自觉性的活动。体育文化建设常常采用竞赛的方式，鼓励学生们主动参与。体育竞赛作为体育教学中非常常用的教学方式，是强化和提高学生主体性的体育意识最具活力、参与范围极广且广受学生们欢迎的方式，它能快速有效激发学生群体的上进心、竞争意识和集体荣誉感，让学生发挥自我能动性地赢得比赛，还能培养学生的集体主义思想观念，在为争取集体荣誉时收获个人荣誉。如在冬季体育教学中，可组织不同范围的拔河比赛，小范围的组与组之间、大范围的班与班之间，能够吸引大多数学生的积极参与，并且随着现代体育运动的多样化，在组织这类活动中，还有学生可以负责啦啦操评比，使其他学生在参与和观看比赛过程中，充满乐趣性和参与感，并且大家一起出谋划策，为赢得比赛贡献力量。再者，体育文化建设鼓励多样化、丰富化的体育教学活动，这也能极大促进学生主体性的发挥。如在体育课程的设置中，有满足男生喜欢竞赛性强的项目，如足球、篮球；而体育课程设置如体育舞蹈、体操或是羽毛球等课程，是为了满足女生的喜好，充分尊重了学生主体意识。

此外，体育文化建设鼓励体育教学以多种方式、新颖的手段开展，从而挖掘学生的运动潜力。体育文化建设促进着教学中采取各种措施以满足学生独特的、根据自身特质产生的合理要求，增强体育学习的兴趣，充分发挥他们的主体地位。

### （三）充实高校体育教学的内容和形式

高校的体育文化建设需要丰富多彩、类型多样的体育活动作为支撑，如运动会、体育节、社团建设等，改善了其他教学模式和传统的体育教学模式中单一、枯燥的特点。这些新颖多样的校园体育文化活动，调节了紧张的学习压力，丰富了学生的校园生活，为学生的校园生活充当了增色剂的作用。

在全面建设体育文化的背景下的体育教学任务的开展要求各高校以体育专业内涵发展为主线，结合社会对人才培养的需求，搭建了综合性的知识结构合理化的课程体系。新时代的体育教学课程提出了许多的高要求，如通过创新教学方法、鼓励教师从事相关教学研究工作，使学生的探索意识、创新意识和能力在多元化的教学方式中得以激发和挖掘。另一方面，教学的组织模式也可以综合创新，如小群体教学法、互动式教学法及合作教学模式等方法的发展及结合。在理论性的体育教学活动中采用统一上课方式加上多媒体教学，给学生以生动、直观的印象。在体育技能课中穿插理论教学，在实际过程中切实运用到理论知识。体育文化的有效建设要求体育教育的内容和形式具有良好的口碑和

传播效应。要满足广泛传播性，体育教育将教学地点从校内延伸到校外，将人才培养与学科专业特色发展相结合、将统一的要求与个性发展相结合，能够探索出宽口径的创新型人才培养模式，实现人才培养的个性强化，同时又能够有效适应社会。

高校体育教学的形式越多，必然越会引起学生的兴趣，增加学生的参与程度，激发学生的创造力。现代社会文化事业繁荣发展，不少学生都会在课外选择到健身房、舞蹈室或是其他类型的体育运动工作室参加体育锻炼。因为课外的体育活动往往更具趣味性和多样性。这说明在体育文化繁荣发展的今天，高校的体育教学形式也应该更加贴近学生的实际需求，更加适应学生们多样化的需求，才能不被课外的具有商业性质的体育活动所取代。因此，在建设体育文化口号的大力倡导下，学校不仅出于文化建设的主体性地位，更出于被动面临竞争的紧迫性，为了提高参与的广泛性、增强体育教学的效果，应该努力建设更多的诸如体育俱乐部、体育社团、体育文化节等类似的具有活力的体育文化形式[46]。

## （四）保障高校体育教学组织的稳定性

从科学认知的角度分析，应该以科学的、追求卓越的、锤炼品质的精神踏踏实实去探究事物内在的规律。刘炯天所说的"静心"是对于教师和学生主体的要求，需要踏踏实实，静下心来。而稳定的高校教学环境就是保证师生静下心来的外部条件。

稳定性是确保教学活动顺利开展的重要前提和保障。体育知识的传授和学习、体育思想的宣扬和传承都以稳定的体育教学活动为根基。离开了稳定的、安全的、规律性的体育教学活动，一切都是空谈。如果缺乏稳定的秩序作为保障，缺乏纪律性和组织性，那么再丰富多彩的体育教学活动将会变成一场闹剧，学生们无法在体育活动中学习到知识、感受到体育活动对精神的磨砺和提升。缺乏稳定性的体育教学活动无法保障体育活动的完整性和系统性，也就无法达成体育教学的目标。并且，没有组织性、稳定性和持续性的体育教学活动是对资源的浪费。而体育文化建设在这个时候凸显了自身的优点，它可以弥补这个不足。积极的、浓厚的、强烈的体育文化氛围会在无形中指引着学生主动、持续性地参与到体育教学活动中来，与体育教师以高水平、高参与率、高收获的

[46] 胡孝海，吴严冰.体育文化在体育教学过程中的缺失与重塑 [J].教学与管理，2012（24）：119-120.

方式共同完成教学目标，对体育教学的持续性、稳定性开展提供了极大帮助。

## 二、校园体育文化建设的原则

### （一）传承与弘扬民族与时代精神

以爱国主义为核心的"民族精神"，以改革创新为核心的"时代精神"，是中国梦凝心聚力的兴国之魂、强国之魄。民族精神与时代精神从核心思想表达来说是两个方面，但民族精神与时代精神是相互联系、密不可分的。经过历代传承、有文化底蕴，经大家公认并具有强大凝聚力的民族思想文化就是民族精神；符合并代表历史发展某个时期，人民大众普遍追求的先进思潮即时代精神。民族精神是一个长期积累的民族文化，时代精神反映了在一个较短时期里，广大民众对先进文化层次的要求。民族精神与时代精神统一于改革开放和社会主义现代化建设的伟大实践中，凝聚在建设中国特色社会主义的共同理想中。我国目前处于社会主义初级阶段发展中大国，在国际上地位举足轻重，中国共产党人无数先烈用生命的代价换来了新中国的成立，中国共产党是以马克思主义、毛泽东思想、邓小平理论、"三个代表"重要思想、科学发展观和习近平新时代中国特色社会主义思想为指导思想的政党，由于其指导思想是中华民族优秀传统文化的体现，是符合客观实际的正确理论，代表着中国先进体育文化的前进方向。

### （二）走中国特色体育文化发展道路

道路是我们前进的指引。在全球化的冲击下走我们自己有特色的道路，是我们实现"中国梦"的必由之路。在党的十八大报告中，着重论述并把社会主义文化建设摆在了更加突出的位置，指明了我国文化改革发展的新方向。中国梦视域下体育文化面临未来的发展之路，将会面对前所未有的机遇和挑战，同时也会涉及与其他社会文化有机融合，要把体育文化改革落到实处，就必须寻找正确的可持续发展之路．

## 三、校园体育文化建设的要求

### （一）物质文化建设要安全、实用

1. 安全性

健康体育有许多理念，其中安全是最基本的理念。在学校体育活动中，有

时会发生安全事故，这与安全这一基本的理念是相违背的，所以在进行校园体育物质文化建设时要对安全性进行特别强调，要经常检查体育场地与器材等，年久的器材与不符合标准的器材要及时更换，确保学生的安全。

2. 实用性

许多学校的体育场地与器材都是比较短缺的，所以在对体育场地进行修建、对体育器材进行购买时，要注意器材与场地的实用性，要坚持的主要准则就是最大限度地使学生的体育需求得到满足。一些学校设计体育场地时，仅仅是为了好看与时尚，却将其实用性忽略了，这样不但浪费资金，而且没有实用性，不能满足学生的需要，难以发挥其价值。

### （二）组织形式要多样化

建设校园体育文化需要与时代发展的要求相适应。现在，学校中开展的校园体育活动主要就是运动会、体育课、课间操等，这些已经不能与时代发展的要求相适应了，也不能使学生的体育需求得到充分的满足。校园体育文化发展必然要求学校要组织丰富多样的体育活动，要确保其具有健康的体育内容，还要确保体育活动具有娱乐性特点。所以，多元化发展道路是校园体育文化建设的主要方向，多元化的发展主要通过多样化的组织形式体现出来。多样化的组织能够使学生有更多的空间做出选择。同时，多元化的组织形式才能满足学生的体育需求，才能使学生更加积极参加体育锻炼活动。

# 第二节　校园体育文化建设的内容与形式

体育是指以锻炼人的身体素质为目的，以体能练习为主要途径，促进人的身心各方面发展的一种有意识的社会活动。体育在大的范畴上属于文化，反映并受制于经济基础。一般有竞技体育、群众体育和学校体育之分。校园体育是体育的重要组成部分，是体育在校园的延伸和发展。随着社会的发展，高校体育文化的内涵和外延在传承的基础上也有了很大的创新。校园体育文化建设的内容和形式主要有以下几个方面。

## 一、学校公共体育课

学校公共体育课是校园体育的最基本内容，通过专职教师教授各种体育知识，讲解运动技术，有针对性地进行体能训练，来提高学生的体育技能，强化体育意识，增进身体健康[47]。为提高人才培养质量，教育部颁布《全国普通高等学校体育课程教学指导纲要》。通过公共体育课，高校学生可以系统地学习和掌握纲要制定的科目内容，提升体育在校园文化生活中的作用。

## 二、体育竞赛活动

校园体育竞赛活动一般以竞技运动为主要活动方式，包括学校举办的田径运动会、各种单项运动会和承办的校际或社会性的赛事活动。竞赛运动会比赛项目多、内容丰富，形式多样，大学生参加这些活动能培养和锻炼他们的规则意识和竞争进取精神，强化和增进学生的集体主义和对母校的感情，活跃校园文化。

## 三、根据自身特色

根据高校的历史文化传统和所处的地域不同，不同的高校都有自己的体育活动方式。常规的有早操、课间操和学校传统体育项目。例如将太极拳、八段锦等传统体育项目选入必修。因为传统体育项目内容丰富、形式多样、时间灵活，所以广大学生都乐意参与进来，这对提高学生的锻炼积极性、形成学生个性心理特征有很大的作用。体育活动方式既能丰富校园体育的内容，又可以完成体育技能和体育素质的练习，培育完善的人格特征[48]。

## 四、体育文化生活

相对于体育竞赛活动，体育文化生活更具有趣味性和灵活性。如学校层面举办体育文化节，以学生感兴趣的不同主题或是趣味性为特色来开展体育活动；系班层面则可以小范围的组织集体活动，增强凝聚力；学生自主参加的课外锻炼活动等，在课外生活中，让学生体育会到运动的快乐。这些活动参加的人数众多，方式灵活又活泼有趣，教师和学生可以一起参加，对良好校园文化氛围的培育具有不可替代的积极作用和效果。

---

[47]　张恒，周玲玲.非体育专业学生参与体育锻炼情况调查分析——以商丘师范学院为例[J].体育科技，2018，39（06）：161-162+164.

[48]　胡春红.加强校园体育文化建设　培养高素质人才[J].郑州铁路职业技术学院学报，2008（01）：78-79.

## 五、体育运动队组织

一般高校通过体育特长生特招，都建有自己的高水平体育运动队。体育运动队平时上课，业余集训，遇有重大比赛代表学校参加比赛。他们的体育水平高，在高校里是一道亮丽的体育风景线。他们在高校里具有鲶鱼效应。他们在校园里锻炼和集训展示的是较高水平的体育水平，显现的是体育的魅力和美感，能带动其他普通学生参与体育活动，从而提高体育锻炼水平，从这个意义上来说，他们在无形中推动着学校群体活动的开展。同时，他们参加重大比赛载誉归来，还能激发学生的自豪感，对提高学校知名度也有很大的作用。

## 六、体育知识讲座与竞赛

体育知识对于正确开展体育活动具有重要的意义。在学生获取体育知识的途径上，通过座谈我们了解到，他们主要是通过体育课获得；另外就是通过体育媒体传播获得；这造成他们的体育知识不系统不牢固。因此，学校体育俱乐部或社团组织，有计划有目的地开展体育知识讲座来丰富学生体育知识就显得特别重要。因为这种方式比体育课有吸引力得多，能引起学生的浓厚兴趣。学校组织简单的体育知识竞赛，可以激发学生的积极性和参与意识，有助于提高学生对体育文化知识的积累。

## 七、借助各种传媒体育

当今时代的特征就是各种传媒和信息传播空前的繁荣。随着信息传播形式的多样化，体育信息在高校的传播途径和方式方法也日益丰富。传统的方式是利用黑板报、宣传栏和海报等进行宣传、展览体育信息。当前，这些传统方式已经退居次要地位，更为方便快捷的是利用现代的计算机信息互联网络，立体化的传媒手段来爆炸性的海量信息传播体育。很多高校能够很好地利用网络包装学校的大型体育活动、营造热烈的体育气氛、传播国内外的体育热点和大型赛事。各种传媒体育的信息渗透能够让体育精神和文化魅力深入大学生的生活之中，从而激发他们热爱体育、参与体育。

# 第三节 国内外校园体育文化建设的探讨

## 一、国内校园体育文化的建设

### （一）校园体育文化建设的社会背景

#### 1. 全民体育文化观逐渐普及

在新中国成立后的一段时间里，体育文化的建设经常性地上升到上层的意识层面上，让体育发展中充斥着太多的政治因素，反而，忽视了让体育走到人们的日常生活中的重要性。这种浮于理论与虚无、民众没有参与进来的体育是不会长久的，只有大众真正地参与进来，才是体育发展的未来。这样才可以掀起全民健身、终身体育的热浪，才能使全民体育文化观逐渐在我国得以普及。

#### 2. 体育文化产业逐步推进

体育文化产业是体育与经济交互所产生的必然结果，当代中国，任何一个产业的发展都必须符合市场经济条件下的客观与现实存在方式，体育文化产业也不例外。从整个中国经济的宏观发展上来看，体育文化的不断发展是迎合了经济发展的需要，是经济对格局发展的内在要求。当代中国为扩大内需、促进就业、拉动经济增长必须大力发展体育文化产业；从体育文化产业自身的微观发展上来看，为建立和完善与社会主义市场经济体制相适应的体育体制和运行机制，必须大力发展体育文化产业。

### （二）校园体育文化建设现状

高校校园体育文化建设是一项长期的工作，不是一蹴而就，它需要高校、社会和大学生共同努力，并需要经历长期的积累和发展。但是由于大部分在校大学生没有意识到体育锻炼的重要性，没有深刻领会到体育锻炼对自身个性、智力、情感的影响，没有看到体育锻炼的潜在的作用。整体而言，相对于其他学科，大部分高校对体育教育的重视是不够的，体育常常为其他学科让位或代替，体育文化很难在高校的素质教育中占有一席之地。

### （三）校园体育文化建设重点

一是要将高校校园体育文化作为校园文化的核心进行发展，并将其作为顶

层设计的一部分。高校是人才的培养摇篮，对大学生思想意识形态的形成具有重要的作用，因此高校校园体育文化建设过程中应当加强政治理论的指导作用。高校作为人才的聚集地，各种潮流和思想也在十分盛行，如西方社会的思潮对当代大学生产生了很深的影响，对马克思列宁主义毛泽东思想和社会主义核心价值观产生了很大的冲击，部分大学生思想信念开始动摇、价值观产生了偏差、诚信也出现了问题。这些问题对大学生自身、国家以及民族都会产生重要的影响，关乎到国家的生死存亡。因此，在进行高校校园体育文化建设时应坚持社会主义核心价值观，树立正确的思想意识，从而保障校园体育文化建设拥有正确的价值取向。

二是应重点培养大学生的体育精神，让体育精神贯彻整个大学生涯。体育运动的最高境界就是体育精神，它体现了体育文化的精神和灵魂，也对学生的日常行为等起到重要作用。高校校园的体育精神相对于其他的体育精神更具有文化气息和精神财富，高校校园体育文化拥有凝聚力和影响力强的特征，高校校园体育文化包括的精神有公平竞争、拼搏进取、团协合作、遵纪守法等。在当今物质化的社会里，在校大学生受到了很大的影响，学校出现了很多学术不端行为，考试作弊的现象也越来越普遍，大学生的诚信出现了很大的问题，大学生缺少了脚踏实地、求真务实的精神。因此，高校应大力培养大学生的体育精神，使大学生养成公平竞争、诚信意识，向社会传递正能量。

## 二、国外校园体育文化的建设

### （一）价值引领

#### 1.尊重传统

西方文化滥觞于古希腊，其为典型的海洋文明，多体现为"无畏""拼搏""进取"等开拓性特征。因此，西方体育文化具有强调竞争、注重规则、鼓励自我超越等文化特征。美国、英国和法国三国高校体育文化均植根于西方体育文化传统，同时结合了本国的优秀文化经验，确立了适用于高校体育发展的文化理念，并具备以下优势：一是在国际化浪潮激荡的整体背景下以优秀传统文化作为基石，能够有效地促进现代、多元的体育文化的构建；二是植根于本国的优秀文化经验能够使体育文化适应于具体国家、地区的本土化需求，有利于文化在实践层面的落实与发展。美国大学体育文化推崇集体荣誉，注重个人价值，同时注重大学体育与社区的互动关系；英国大学体育文化以户外竞赛和综合体育训练为根基，强调对传统的尊重以及学生的参与，注重俱乐部形式的集体式参与活动以及竞争性较强的体育竞技赛事；法国高校以浪漫主义作为体育文化建设根基，在注重体育文化的丰富性与开放性的同时，强调"体育文化特殊性"的原则。

### 2. 深度融合

美国、英国、法国高校体育文化与大学精神深度融合，高校体育文化既是大学精神不可或缺的组成部分，又是大学精神精髓的集中体现，主要表现在以下三个方面：一是将体育作为衡量学生素质的重要标准，如学生体育特长是大学录取的重要参考因素，且大学针对体育特长生设有不同类别的奖学金；二是将体育文化作为人才培养不可分割的重要载体，认同大学体育与大学教育的目的同向同行，如美国耶鲁大学注重"锻炼身体"和"培养精神"并重的优质人才培养目标，美国斯坦福大学认为体育有助于大学教育目标的实现；三是将体育荣誉视为学校声誉及地位的重要象征，如美国大学善于以举办各类体育赛事为契机进行广泛宣讲借以扩大学校知名度和影响力。

### 3. 以生为本

美国、英国、法国三国高校尊重学生个体价值，重视发挥学生参与包括体育文化活动在内的校园活动积极性和主动性，并尽可能地为学生提供优质的管理与服务。一方面，注重赋予学生充分自主权。强调学生对于校园体育文化的自主建构，学校方面通常能够赋予学生极大的自主权，准许其在一定范围内，自主购买体育设施、现场观看比赛等，并确保学生拥有对于社团或俱乐部的诸多建设权利。另一方面，注重学生的参与度。高校提供各种机会，鼓励不同背景、性别、能力、兴趣的人，以其喜爱并擅长的方式参与到学校不同层次、形式的体育活动中去，并由此体会体育的目的、价值以及生活的含义，如美国耶鲁大学近 90%、英国杜伦大学 85% 的学生都热爱参加体育运动。

## （二）制度保障

### 1. 政府出台体育政策

大学体育文化的发展离不开所在国家体育政策的保障。自 1979 年以来，美国一直全面深刻介入公民体育与健康，美国政府关于公民体育与健康较为全面和权威的行动指南《健康公民：美国卫生署关于健康促进和疾病防治报告》定期公布，各层次政府机构及社会组织积极参与政策制定及实施，美国体育已形成政府、社会组织、公民三位一体，自觉协同的良性运行机制。英国体育文

化近代化转型的重要特征是法制化和规范化，政府对于体育事业的支持促进了英国体育文化建设保持其地位。法国已形成政府宏观调控、社会协调发展的国家和社会共推型管理体制，《大众与竞技体育活动的组织和促进法》（1984年）、《Avice 法则》（1984年）、《复兴法国体育计划》（1986年）、《法国大众与竞技体育活动的组织和促进法修订版》（1994年）及《Avice法则修订版》（2000年）等制度体现了法国体育政策不断深化和完善的历程。

2. 校际联盟

美国、英国、法国三国高校均建立了比较系统且具有很大影响力的校际体育竞赛体系，并使之成为提升国家竞技体育水平和推动高校体育文化蓬勃发展的有力推进器。美国大学生体育竞赛大致可分三类：一类是两校间的传统赛，如斯坦福大学与加州大学伯克利分校之间被称为大学"大比赛"（Big Game）的学生橄榄球赛从1892年始每年一届，持续百余年；第二类是多校间竞赛，如"常青藤联盟"、帕克12联盟等校际体育交流历史悠久、影响深远；第三类是全国性竞赛，美国主要由成立于1906年、有1200多所大学加入、已设22个体育项目的大学体育联合会（NCAA）组织，每年有逾四万名大学生运动员参加各项比赛，并实行校长负责制。英国由大学体育协会（University Sports Association）负责组织校际间体育赛事，大学体育协会制定出全国统一的全年比赛手册，并发放至每所高校，手册规定每周三下午以及周六日全天作为高校联赛时间，周三下午每所高校的本科生全部停课，参加相关的体育竞赛。比赛采用主客场赛制，全国被划分为五个赛区。法国大学体育联盟以推广和组织大学生体育竞赛为目标集合所有大学社团，体育锻炼大学服务系统根据大学生需求提供非竞技性、非传统性、社交性较强的体育活动，如攀岩、潜水、高尔夫等。

3. 自主治理

在美国、英国、法国，各高校为构建优质体育文化采取了全方位、多渠道的举措，并逐步使之固化为制度与机制，形成较为完善的自主治理体系。一是注重体育场馆设施建设，高校体育场馆设施具有数量多、规模大、质量高、维护好、使用率高等特点，如美国规模较大的大学一般都有2个至3个体育馆，三国国内体育比赛场乃至承办的奥运会都经常使用大学的场馆。二是注重体育品牌的打造，一方面，打造品牌项目，如美国大学生篮球联赛及八校美式足球联盟等赛事及体育团体，均为世界知名体育活动品牌；另一方面，推广体育标识，如耶鲁大学体育徽标印制于衣帽等商品上，举办体育赛事时往往供不应求。

三是注重体育明星的培养与塑造，各高校着眼于体育明星引领示范、凝聚学校力量、增益学校声誉等作用，重视对著名运动员及教练员的培养与宣传；如美国高校向全世界公开招募、招聘世界一流水平的学生运动员和专业教练员，南加利福尼亚大学、加州大学洛杉矶分院及斯坦福大学等均超百人获得历届奥运会冠军。四是注重体育文化的传播，除各大主流媒体（如《华盛顿邮报》《纽约时报》均设专栏提供报道）非常关注大学体育活动外，各高校均有各自报纸、电视、网站等校园传播媒体报道相关活动。

### （三）实践支持

美国、英国、法国三国大学生体育社团历史悠久，数量可观，且形成了独特的管理理念、运行经验和发展模式，具有多样化、专业化、规范化等突出特点。

#### 1. 多样化

一是社团类型的多样性，可分为课内、课外、课内外结合社团等。二是社团涉猎体育项目的多样性。据不完全统计，美国斯坦福大学、布朗大学分别有体育社团 63 个、20 余个。英国剑桥大学有 53 个校级俱乐部、英国巴斯大学有 48 个，英国谢菲尔德大学有 47 个（截至 2016 年数据）。大学生体育社团涉猎的体育项目种类齐全，项目丰富，包括球类、格斗类、竞速类、益智类、极限运动类等百余项。三是社团参与主体的多样性。不分国别、种族、性别、专业、年级等，全体学生均可依据兴趣、爱好、特长等自主选择、自主参与，同时社团也对教职工、校友、社区等人群开放。各个体育社团规模从几个人到数百人不等，如巴斯大学的网球俱乐部有三百人左右。四是社团活动多样性。除开展相关体育运动项目交流、训练及竞赛等活动以外，体育社团还开展社区共建、志愿服务等形式多样、丰富多彩的活动。五是社团经费来源的多样性。主要经费来源包括学校下拨、社团营利收入、校友会和社会团体赞助、社团成员会费等。

#### 2. 专业化

一是有专业体育教师指导。美国高校学生社团都有指导教师，社团的诸多事务需要得到指导教师的指导和认可，鼓励每个社团选择一个教练，协助社团开展活动。基于大学、社区与行业资源的整合，英国大学生体育社团聘请专兼职指导教师进行专业化指导。二是开展的活动专业性强。体育社团致力于相关体育运动项目的交流、培训、组织校内比赛等活动的同时，可以参加校际非竞争性友谊赛或国内外相关活动，可以参加联盟、地区或者国家级的专业比赛。三是社团成员专业素养高。在美国、英国、法国三国，大学生体育社团既是提

升全民健康的利器，同时也是为竞技体育输送精英的堡垒，如各大球类联赛的新秀有许多来自高校。

### 3. 规范化

美国、英国、法国三国高校大学生体育社团规范化主要体现在学校对体育社团的规范管理和体育社团内部的规范管理两个层面，以及组织结构规范化、管理制度规范化、工作流程规范化、社团成员行为规范化等几个方面。

例如，美国哈佛大学体育社团管理实行"指导十制度"模式，体育部指导学生体育社团建立由学生组成的领导机构，以《哈佛大学俱乐部体育手册》为依据进行社团管理。英国谢菲尔德大学所有学生社团由学生代表理事会、社团理事会和财务委员会组成的学联董事会统一管理，社团活动以学联董事会制定的《学联战略》《学联章程》为依据及指南。

## 第四节　校园体育文化建设的结构与方向

### 一、校园体育文化建设的结构

浙江大学教授、博士生导师于可红认为：校园体育文化根据目的和意义不同可分为四个不同层面：满足活动需要的物质层面、进行约束的制度层面、进行活动的行为层面和提升观念的精神层面。

郝晨在《对我国高校校园体育文化结构的探讨》一文中指出：在大学校园里，学生、教师和体育环境共同组成了校园体育文化，从结构分析，校园体育文化可以分为三个方面：物质方面（包括体育设施、服装、场景等）、制度方面（包括体育行为、技术、规则等）和精神方面（包括体育情感、道德、态度等）。

张永宝在《论校园体育文化的定义及其结构的划分》对体育文化的结构进行了这样的阐述：校园体育文化可分为三个层次和四个指标，既表层文化（体育物质）、中层文化（体育制度和体育行为）和深层（体育精神），这三个指标相互融合、相互交替共同形成了校园体育文化。

校园体育文化中的制度文化是表层文化，是显型的文化，为整个校园体育文化提供了基础；制度文化和行为文化是中层文化，其中制度文化为校园体育文化提供保障，行为文化是学校体育的综合形态，同时中层文化既与外层的物质文化时刻联系，又与内层的精神文化密不可分；精神文化是深层文化，是隐形文化，是校园体育的本质与核心。因此，四种文化是由表及里，相互联系的，每种文化都在整个校园体育中发挥着重要的作用。

综上所述，学校的体育场馆器材设施、师生的体育行为、一些体育规章制度和体育的道德观念等都属于校园体育文化，其结构包括了一些基础的物质文化，也包含了更深层的制度文化和精神文化。

## 二、校园体育文化建设的方向

### （一）加强校园体育人文精神建设

校园文化建设是一所高校发展的精神支柱。高校校园体育人文精神是校园文化建设的重要部分。校园体育人文精神的培养，我国优秀传统文化的继承，能增强思想道德的凝聚力、向心力，能够鼓励高校进行体育活动，培养校园体育人文精神，有助于培育和养成校园文化的独特个性，使一所高校在精神风貌上独树一帜。

1. 树立健康的校园体育理念

正确的体育理念，与核心价值体系一样，是内化于人内心深处地对体育的认识和理解，并指导人的体育活动。校园体育理念特指高校学生对于体育价值的正确认识与看法，这种思想意识影响着校园文化的发展方向。概括地说，正确的体育理念包括以下几个方面。

（1）体育是校园文化的重要组成部分

随着社会的进步，越来越多的人参与到了体育活动之中，但对体育的认识却不完全相同。正确的体育理念应该树立这样一种认识，体育活动是一种科学、文明、健康的生活方式。体育可以增进健康、促进娱乐交流和沟通，更是人们完善个性、体现人的价值的一种重要途径。因此，作为现代生活方式的体育，是校园文化生活中重要的内容。生活中不能缺少体育，娱乐中离不开体育，健美中更需要体育。因此，应将体育放在校园文化建设的重要的位置上来看待。

（2）体育能够促进校园文化的不断完善

体育活动对人的影响是潜移默化的，外在的会影响人的生理特征，内在的还会影响人的心理特性，促进人个性的形成和发展。体育运动一般为群体性的活动。在体育群体中，良好的体力、技能素质，健康的拼搏、进取精神，敏捷、勇敢的品质等都会受到别人的赞赏和表扬。反之，则会受到排斥和指责。为了与群体保持一致和获得别人的认可、尊敬，人们自愿接受体育活动中的约束，

而这些约束在完善个性的同时，也会优化校园文化，从而进一步推进校园文化的建设和发展。

（3）体育能够丰富校园文化生活

现代化的紧张生活方式使人们面临着许多现代衍生的文明病对身体的威胁，而体育活动具有娱乐功能。大学师生利用余暇时间，积极参加体育运动，消耗大量的能量，使日常摄入的高能量得到了平衡，还使攻击性心理得到宣泄；欣赏各种体育活动，可以放松身心、娱乐生活，降低、排除现代人心中的紧张、焦虑等情绪，从而大大促进了校园文化的和谐稳定，并使校园文化生活更丰富多彩和充满情趣。

（4）体育能够增强校园文化的朝气

体育是最富有竞争性的领域，体育活动特点和竞赛规则等促使人们全力以赴，奋勇拼搏。竞争是体育发展的驱动力。现代是一个充满竞争和挑战的社会，要想在竞争中立于不败之地，就必须具备进取精神和竞争意识[49]。高校学生对于体育活动的竞争性、激烈性充满向往，吸引着他们广泛的参与。在参与过程中，既增强了进取精神和竞争意识，又形成了校园文化的良好氛围。通过体育竞争，能够增强校园文化的蓬勃朝气和灵动活力。

（5）正确的体育消费观念

随着人们生活水平的日益提高，体育越来越受到人们的追捧和青睐。高校大学师生参加健身俱乐部、参与比赛活动、观赏体育比赛等，应成为高校师生丰富生活的主要途径之一。因此，大学校园文化建设要大力倡导"健康投资"，鼓励人们乐意花钱去玩体育，并建立健康的余暇体育校园文化消费观，改变以往的只追求智力投资的消费观。高校从管理方面应加大宣传力度，倡导健康体育消费观念，如经常组织召开体育文化座谈会，树典型，为学生提供指导和交流等，提升他们对校园体育消费的理解和认识。

2.弘扬进步的校园体育精神

高校校园体育精神是在高校校园体育文化中反映出来的体育相关的思想观念和意识形态。它是一定社会历史条件下，社会体育精神在高校体育文化中的延伸和重新提炼总结，是高校办学理念、办学传统和办学风格的重要组成部分。校园体育精神一旦形成，作为一种较深层次的精神文化形态，就能对高校全体师生的价值取向和意识形态发生潜移默化的深远影响。校园体育精神一旦形成

[49] 王静远.学习与创新对提升企业竞争优势的作用[J].交通企业管理,2009,24（03）：22-23.

就不易改变，能够从深层次稳定而又恒久地影响着个体或群体的思想观念与价值取向，能渗透到校园的每一个角角落落。只要学校师生置身于这种精神氛围之中，其就会自然而然地形成这种内在的支撑和左右行为主体的价值判断、行为指南和行为准则的强大影响力，从而在不经意间被影响和改变，逐步塑造出与之相应的精神品质。体育对校园文化的发展是内在的推动力，进而影响高校学生在学习中乃至将来的工作中开拓创新，奋勇进取。因此，以体育精神促进高校文化建设，大力弘扬积极向上的校园体育精神，意义更为深刻和久远。

3. 培养良好的校园体育行为

高校是知识密集、人才荟萃的场所，而良好的体育行为习惯是校园文化显层面建设的重要内容。高校大学生作为社会主义事业的建设者和接班人，他们的思想道德水平、科学文化素质和健康素质，对我国社会主义现代化建设影响甚大、意义深远。体育科学的发展和实践告诉我们，通过体育活动的锤炼，不仅能够强健人的体魄，而且还能培养人的良好品格和养成人的高尚品德。在德育方面具有优秀传统和先进优势的中国，要发挥自己的优势，不断解放思想、与时俱进，在大学生思想政治教育方面创新思路和途径。在大力构建新时期高校校园文化的背景下，有针对性地引导和规范高校校园体育文化，培养大学生良好的校园体育行为。

需要注意的是，要通过弘扬和发展适合学生特点和本校传统风格理念的体育项目和行为，对大学生进行思想品德教育，实现对其品德和个性的培养。如高校体育活动大多以集体为单位，可以充分利用这一特点培养学生的集体主义观；体育竞赛活动的激烈性、程序化及团结合作方式，本身就蕴含着鲜活的教育特征，可以培养成员的团结互助、拼搏奉献的优良品德；体育竞赛能培养学生坚强的意志品质。

4. 增强正确的体育参与意识

高校体育活动使意气风发的大学生有机会发展课堂之外的特长、爱好、兴趣。为了培养学生良好的身体素质，增强学生的体育兴趣和习惯，必须加强和培养高校学生的体育参与意识，使校园文化建设更富于活力。而作为精力充沛、身心活跃的青少年学生，不但需要学习丰富的文化知识，而且需要释放他们的活力，锻炼身体，充实生活，并发展自己的兴趣、爱好和特长。体育活动使大学生释放出他们蓬勃的朝气和青春的活力，并可使潜能得到充分的挖掘和发挥。但现在高校的体育活动开展不尽如人意。

主要原因有三方面：一是这与很多大学生长期以来在应试教育的环境下没

有养成积极参加体育活动的大背景有关；二是现在正在进入信息社会，各种传媒和文化产品的多元化与丰富性，特别是网络的迅猛发展，吸引大学生业余时间沉迷其中而无暇参与体育活动；三是高校体育活动固守传统的跑跑跳跳，单调枯燥、缺乏趣味性、没有娱乐性，自然也就没有吸引力。因此，只有开展丰富多样的学校体育活动，增强正确的体育参与意识，才能给校园文化注入勃勃生机，并因此产生强大的凝聚力和吸引力。

### 5.提高高雅的体育文化素养

体育文化素养是校园文化建设中的核心因素，是校园体育文化的高层次追求。一般来说，不同高校高雅的体育文化素养的外在表现是不一样的，这与高校的体育项目优势、历史传统、办学特色、地域分布和大学生本人的体育爱好、参与程度等都有关系。但体育文化素养的内在本质是一样的。一般包括如下几方面：一是体育知识的充分了解，这是体育文化素养的基本素质；二是体育意识的不断增强，这是体育文化素养的升华关键；三是体育行为习惯的不懈坚持，这是体育文化素养的物质基础。因为高雅的素养不是一朝一夕能够形成的。因此，它需要主观个体在文化熏陶下自然而然地培育。作为高校，要有意识地培养学生对体育娱乐的喜爱，借以提高大学生的体育文化素养，培养无论体质还是精神品质都健康发展的学生，从而丰富校园文化建设[50]。

### 6.强化体育教学中对特色体育文化的建设

由于我国地域宽广，不同地区之间的人们往往具有不同的传统体育习俗和方式，不同地域的人们会形成不同的体育观念和兴趣爱好。因此，在体育教学过程中，教师除了遵循国家规定的要求，应该根据不同区域的学生的身体特质以及习惯、兴趣爱好和体育物质文化进行特色化的精神文化建设。比如最为普遍的可以将地域分为发达地区的高等学校和偏远地区的高等院校，两者之间在物质条件上存在差异，但是却各有优势。

此外，不同的学校应该根据不同的文化传统进行体育教学活动。学生的兴趣爱好和习惯多与该学校的较为优势的项目或是体育文化背景有关，体育教学应该加强这些方面的培养。因为这些优势项目往往会吸引更多的学生，且加大对优势项目的投入能够将这些项目打造成学校的象征。这样不仅有利于培养学生的自豪感，而且还能够吸引更多的外部支持，比如政府的投资等。围绕体育

---

[50] 杨献南，鹿志海.形式逻辑视角下的体育素养概念辨析[J].南京体育学院学报（社会科学版），2015，29（02）：89-92.

文化背景进行体育教学活动的强化，突出传统体育文化的建设，弘扬地区的体育文化传统，增强学生参与到体育教学过程的积极性和投入度。

7. 延伸体育教学为体育精神文化建设提供的平台

目前体育竞赛、体育知识讲座、体育文化节等活动已成为高校的体育教学除了课堂授课以外的重要形式。我国许多高校已实现了体育教学形式的丰富化和手段的多样化。尽管高校体育教学在体育精神文化方面取得了长足的发展和进步，但是，高校体育教学活动仍需结合时代的脚步，不断地发展和创新。

除了传统授课的方式，定期举办的体育知识讲座和体育竞赛成了体育教学采用的重要形式。这种形式所涉及的内容广泛，包括了体育和健康、科学与体育、运动与损伤等。同时，许多高校定期聘请校外知名体育专家或是有建树的运动员到学校给学生授课和讲座，提高学生对体育的兴趣，以提高学生的反应能力和竞争意识。

除此之外，学校应该具有能动性地发挥主导作用，联合社会、家庭为体育精神文化建设提供更加广阔的服务平台，例如在高校的体育教学过程中，还可以创造型地借鉴中小学体育比赛的形式，举行亲子运动会和体育竞赛，邀请学生们的家长来参与到大学生运动会。通过大学生亲子运动会，拉近了大学生与父母的距离，大学生的父母不仅能够亲自感受来自校园的体育文化建设，而且能够充当校园的体育文化建设的有效的传播者，还能够提升学校的声誉和口碑。这种学校与家庭联合起来的体育教学形式成了一个窗口，促进了高校体育精神文化的发展和弘扬。

8. 强化学生在体育教学和体育精神文化建设中的主体地位

目前我国高校中体育教学仍然以体育教师为主，学生扮演着参与者和学习者的角色。但是，往往体育精神文化建设的主体是高校学生。因此，体育教学主体和体育精神文化建设的主体实际上是分离的。只有将体育教学和精神文化建设的主体统一起来，才能够更加有效地促进两者的结合。

在体育教学过程中，可以通过各种各样的形式促进学生成为活动的主体。比如在现代社区中，拥有多彩的体育活动。学校可通过加强与社区的联系，举办以学生为主体的、服务社区的体育活动。如将体育教学的课堂搬到社区去，由学生充当社区里的体育教师，对社区里的体育运动和比赛进行专业的指导和培训，让具有"一技之长"的学生可以在社区体育活动中充当老师的角色，这对学生的组织指导能力、更好地理解体育知识、提升自身的体育技术无疑是难得的有效的机会。此外，教师可创造型地设计体育课程内容来发挥和强化学生

们在体育教学过程中的主体地位[51]。

例如，以游戏的形式，让学生们在一周之内准备好下一节课的内容，下一节课的课堂内容为分组开设健身房，让学生们充当健身教练，以获得最多学员的健身房获胜。在此过程中，学生们会在非体育课堂时间，每人选择一个项目，并进行设计和多次排练，如何在课堂有限的时间内表演或完成不同体育项目的技术动作，以吸引学员。教师通过创新地对课堂内容进行设计，不仅能够发挥学生们的主体作用，而且还能让学生们能够在体育课程之外进行体育活动，让校园充满浓厚的体育氛围。

## （二）加强校园体育活动管理建设

### 1. 加强运动队建设

很多高校通过招收体育特长生建立自己的运动队。学校体育运动队的体育水平是较高的，他们与一般大学生的区别在于他们课外一般是进行大量的体育训练。他们在学校体育文化中的独特作用。高校加强体育文化建设，应该利用好自己的这一品牌特色队伍。一要选择好校运动队的优势项目并长期坚持，这样才能够逐步扩大自己的影响，保持自己的实力。全面开花是不可取的，因为高校不能办社会体育而丢失自己的本质功能。二要立足高校实际和高校特色，以特立足，特处见长、特处兴体，这才能够形成自己的特色品牌。三要带动全校的体育文化活动，如果起不到带动作用，只有体育运动队的一枝独秀，能力水平再高，应该说也是失败的，所以应充分发挥体育运动队的体育特长与优势，使校园的体育文化蓬勃开展。

### 2. 贯彻落实体育法规

近代学校教育发展历程中，尽管有很多教育界的仁人志士一直在呼吁，体育在学校教育中还是基本上处于受冷落的地位。新中国成立后，我们国家对学校体育非常重视，毛泽东同志还提出了"健康第一"的思想，提倡德、智、体、美的全面发展和健全的人格养成。但由于受传统文化、教育发展实际和经济社会条件的限制，并没有真正确立高等学校体育的合理地位。改革开放后，我国教育提出了实施素质教育，但长期形成的事实上的应试教育发展模式，削弱了体育在素质教育中的基础地位。尽管如此，经过三十多年的建设与发展，高校体育文化建设已各自形成特色，并成为高校文化建设当中不可或缺的重要组成

[51] 周辉. 现代体育文化体系分析与发展研究 [M]. 北京：中国水利水电出版社，2018.

部分[52]。

　　为了构建富有自己特色的体育文化，各高校必须在体育活动之外做好几个方面：一是要认真贯彻落实党和国家的各项体育法规制度，结合自己实际，建立健全自己的体育规章制度。二是改进管理理念，不同的管理理念是会产生迥异的结果的。做好校园体育工作必须不断解放思想、转变工作思路，加快改革的步伐。三是创新管理手段和措施。

　　各高校应根据自己的特色优势等具体情况，因地制宜、实事求是地制定相关的政策和实施管理办法，挖掘高校体育文化的发展潜力，不断提高高校体育教育教学的专业特色，增强高校校园体育文化的吸引力和感染力。

　　3. 适当开展户外生存活动

　　户外生存活动泛指在山、河、湖、海、草原，天空等自然环境中开展的旨在提高人的适应自然、提升人的生存能力、发展人的身体潜能的各种活动的总称。户外生存活动不但具有强身健体、消除疲劳、提高人的生存能力、陶冶情操等作用，它在户外环境中经历的刺激性、挑战性更是其他体育活动所不可替代的，可以最大限度地激发广大青少年的斗志，也因此受到了他们的追捧和喜爱。所以，在国外高校户外活动很是流行，可以说对大学生的成长锻炼是很有效的途径。近些年来，我国的户外运动也渐次流行起来。北京大学的山鹰社就是一个典型例子，它自 1989 年成立以来已开展了无数次户外生存活动，北大人不断追求，昂扬向上的精神风貌的体现，在全国的大学生当中产生了较大影响，也成了大学生开展户外生存运动的楷模。河北体育学院近年来的户外运动也取得了很大的成绩。从乌克兰留学归来的几名户外专业教师，积极推动在社会体育专业设立户外运动方向，开展户外拓展训练，学生非常喜欢，训练效果显著。在国内各种类型的户外运动比赛中，多次获得好的名次，影响日增。现在的大学生大多是独生子女，他们在成长中享受更多是温室的呵护，经历中缺少风雨的磨砺，缺少的正是户外生存活动锻炼和培养的冒险精神和进取精神。诚然户外活动存在安全风险，但只要预防得法，组织得力，在我国高校中普遍推广，作为锻炼学生的冒险精神和进取精神的一种途径，应该说对于提高他们的创新精神和坚韧毅力是有很大帮助的。

　　4. 改革高校的体育教学方法

　　合理的课程设置和更新的教学内容是增强体育课的基础和前提，但并不是

　　[52]　姜国钢 . 高校体育在构建校园文化中的作用分析 [J]. 杭州师范大学学报（自然科学版），2010，9（04）：310-315.

就等同于提高了公共体育课的吸引力和感染力，就能把学生吸引到体育课堂上来。知识的传授是需要技巧和艺术的。没有学生易于接受的方式方法，体育教学的效果就难以达到或者不能全部达到，因此，对体育教学的组织安排是非常重要的。

目前我国高校体育积极改革与新形势新任务新要求不相适应的教育理念、培训手段，推动教学方式实现以传统式教学向多元式教学转变，即在以讲授式为主的基础上，积极推动引入案例式、研讨式、体验式、互动式、情景式等"多位一体"的教学方式，使教学方法更加灵活，针对性更强。

同时体育课堂教学要借助现代教学手段中的课件讲授、情景模拟等现代教学手段。充分利用体育活动丰富、体育比赛繁多的优势，注重保存和积累体育案例和信息资源，以活动和事件为载体，针对不同的体育教学内容而烘托气氛、传播知识和体育理念。从而在深层意义上改革高校的体育教学方法，提高高校体育教育活动的效果和成效。

5. 优化高校的公共体育教学内容

高校公共体育课教学内容是体育教学活动的载体。因此，最基本的要求是设置合理的课程和教学内容。但据我们调查了解，高校的公共体育课程建设相对滞后，创新性和时代性严重不足。因此，要改革公共体育课的教学内容。具体来说，要进一步科学编制教育计划、合理优化教学内容、规范管理课程教学，逐步形成符合青少年特点、适应教学需求的教育课程体系。选择体育教学内容时要充分考虑到学生的身心特点、兴趣所在和长远发展，要选用那些体现体育科学和体育实践最新发展的理论。对于那些缺乏实用性与时代感的内容，以及学生在学习的过程中不易掌握和不适合大学生实际的内容，应该修改甚至删除。通过教材建设，充实和丰富公共体育的教学内容，提高学生的兴趣。

6. 积极开展和承办各类体育赛事

体育活动和体育赛事是推动校园体育文化建设的良好载体和平台。高校发挥自身优势和特色积极承办各类体育赛事，可以以赛促建、以赛促练，学生通过参加竞赛活动或参加志愿服务等活动，得到实践的锻炼和磨炼。各高校间也增进了沟通、合作与交流，利用这个平台彼此促进了相互间的了解，又各自丰富了自己学校的校园文化生活。我国现在著名的校际品牌体育赛事有北京大学和清华大学的赛艇对抗赛，这项赛事是仿效美国哈佛大学和耶鲁大学与英国牛津大学和剑桥大学的赛艇对抗赛。各省市一般都有本级层面的大学生运动会在各高校轮流举办，高校较为聚集的城市也会举办高校的各类体育项目的比赛。

不管是部属院校还是省市属院校，每到赛季，几乎所有的师生都热切地关注赛事，校园体育文化气氛热烈高涨，多维度地促进校园文化的建设。

### 7. 利用信息化网络建立校园体育网页

随着信息技术的飞速发展，现代社会日益信息化，信息技术已经并正在深刻地改变着我们的生活。网络成了青年大学生生活不可或缺的一部分，已成为大学生学习、生活的手段途径和载体。网络信息对大学生的兴趣培养，人格养成，世界观、人生观、价值观形成有着极其深刻的影响。可以说，利用好网络就能和大学生进行良好的沟通与交流。各高校应建立校园体育网页，充分利用网络技术所提供的科技支持和良好平台，为校园文化建设提供服务支持。体育网页可以大有作为：一是做好体育信息的收集整理和开发，服务于体育教育教学和课外体育活动；二是建立多媒体教室及阅览室，成立网上体育俱乐部，为高校学生提供体育学习的空间和观赏的平台，扩大信息交流与合作，以丰富校园文化生活；三是提供讨论和虚拟比赛场地，大学生可以在平台上讨论互动，促进体育思想和看法的沟通和碰撞。

## （三）加强高校校园体育物质文化建设

高校校园体育基础设施是高校校园体育文化建设的根基，包括场馆场地和大型器械器材，是高校体育活动中不可或缺的元素。各高校应把体育基础设施建设和发展规划纳入到校园建设的整体规划当中，统筹安排，科学规划，为校园文化建设提供充分展现体育元素的硬件基础，使校园文化建设成为软硬件相统一的有机整体。

### 1. 增加学校体育经费

目前国家注重教育行业的发展，对高等院校的建设力度较大，但是体育专项经费不充裕，而校园体育不同于商业体育背后拥有强大的资金链，但是校园体育可以借鉴商业体育的模式，在不影响正常教学和学生生活的情况下，寻找赞助商，以增加经费来源。

### 2. 优化校园体育环境

高校体育环境能对学生产生潜移默化地影响，高校应优化体育环境，例如校园广播台应开设体育栏目板块，或者定期每周播放有关体育比赛新闻、体育健康小知识等，此外在学校宣传栏中增加学校体育比赛、体育活动等校园体育的宣传，使学生在校园中随时随刻都能感受到浓厚的体育氛围。经过优化校园体育环境，能够让高校的学生有完善周边环境的能力，在今后的工作中，能更

好地优化教育事业。

### 3. 增强物质设施的利用率是根本

众所周知，体育馆场地的维护费用和器材器械的损耗是比较大的。因此，一般高校对于场馆场地在使用上都有较为严格的限制规定，在器材器械的借用上不是积极鼓励。但学生的体育活动更多的是在课外。这造成场馆场地和器材器械的使用效率较低，不能满负荷运转，实际上造成资源的浪费，所以，要研究适应大学生实际的高校校园体育管理制度和运行机制。随着经济社会的发展，人民生活水平有了很大的提高，消费能力不断增强。生产力的发展使人们的余暇时间增多，在工作之外参加体育锻炼的人增加，体育消费的空间和速度也随之加大。各个高校要充分发挥它的场地、场馆等硬件设施优势，人才资源优势，与社会对接，面向社会服务，再通过对社会的服务来促进高校体育事业的发展。首要做法就是要提高场馆设施的利用率。这也要求在场馆等硬件设施建设初期就要考虑到将来运营和对社会开放的需要，布局要便于使用和管理，为场馆资源的有效综合利用提供物质基础。运营过程中，可以最大限度地延长开放时间，加大开放的力度。在满足体育教学、训练需要的前提下，对社会开放，发挥场馆设施的经营作用。在体育健身热潮中，高校应该逐渐转变以前封闭的观念，改革体育场馆的管理模式，发展体育产业，在不影响日常教学的情况下，可向全社会开放体育场馆，适当收取一定的费用，以用于日常的器材维护。

### 4. 开放体育场馆并延长开放时间

高校学生在进行体育活动时，时常面临场地供不应求的情况，而各高校的体育学院、体育系拥有相对完善和较多数量的体育场馆。因此，高校的体育学院专用的场馆可以在不影响体育院系学生正常上课和训练的情况下，对全校学生进行开放，保证高校学生有较多的体育场馆可用。此外，延长一些室内体育场馆的开放时间，多数高校学生只有在晚上和周末、节假日，用自己的业余时间去进行体育活动，所以各高校应延长体育场馆的开放时间，确保学生在体育场馆进行活动时没有时间的局限性。

### 5. 加大物质设施的经费投入是前提

高校的经费应该说近年来增长是很快的，但由于欠账太多，有限的经费投入到体育场馆场地和大型器材的还是很有限。因此，高校用于体育的经费长期以来严重不足，直接造成体育场馆设施建设滞后于高校体育发展的需要，不能满足学生日益丰富的课外体育活动需求。物质保证是基础保证，没有足够的经费投入就没有足够的体育物质基础。各高校应该高度重视体育教育教学和大学生的课外体育活动工作，千方百计加大投入，更新和增加体育物质设施建设，及时补充损耗的体育器械器材，保障正常的体育教学，为学生课外体育活动提供充足的物质保证。

### 6. 提高高校体育的文化底蕴是内涵

建设校园体育硬件设施，不仅仅是为体育活动提供场所，更重要的是通过建设时代感强、蕴含体育元素的建筑物，使它成为体育精神文化的载体，因此校园体育的基础设施要体现学校和时代的体育精神气质。这就要求高校校园体育提升文化品位，倾注人文关怀，突显个性特色。在体育场馆场地的建设创意上要符合学校历史传统，凸显本校的特色和优势。要和学校的体育项目优势相一致，相互促进。高校作为传播文化知识的殿堂，在建造和制作物质文化载体的工程中，要考虑体育文化的元素，增进体育的文化底蕴。摒弃那种认为体育没有文化的陈旧认识，从细节上让体育为高校校园文化增添活力与色彩。昂扬的气息和文化的魅力能够折服每一个生活在其中的天之骄子，使他们在校园文化的浸润中自然而然的经历体育文化的洗礼，锻炼成身体健康、心理健全、精神饱满和精力充沛的社会主义建设者和接班人。

### 7. 创新体育教学中对空间和设备的利用

作为具有强烈象征意义的校园内的体育建筑、雕塑或体育场馆，其本身的构建和展示形态就是一种文化现象，通过具象的形态成了体育意识和体育文化的实际载体，这些文化现象代表着人们想表达的思想和凝聚的智慧，体现着人们的价值观。这些文化要素对人们起着潜移默化的陶冶作用。因此，在体育教学过程中，应该充分利用学校的空间，合理布局体育场地，因地制宜地开展体育文化活动，建设场馆、增添设备。进行体育教学的体育场馆应该经过科学细致的安排和布置，整洁明亮。除了传统意义的体育场馆，还应该促进体育展览室、体育宣传橱窗以及校园体育网等新兴空间的利用。

体育教师还应该带领学生具有创造性地开发现有体育设施的多功能。党的十九大报告，提出了新时代文化建设的目标是要激发全民族的文化创新和创造活力。只有创新才是推动新时代文化繁荣兴盛的主线。在校师生可以通过细微之处贯彻执行十九大报告的精神。如体育设施在设计通常只服务于一到两种主要功能，但是许多体育运动和技能训练的设计都是紧密联系的，应该通过转换视角和发挥联想，挖掘体育设施的多种功能。体育教师在教学过程中通过创新教法，既可以达到合理开发和利用场地空间以及设施的效果，还能够激发学生

的学习情趣，调动学生的学习积极性，满足不同层次学生的需求。

创造性地使用体育教学设备在新时代下的集中体现是结合以计算机为核心的信息技术，使教学方法变得易于操作和展示，更加生动、科学和全面地展示出教学内容，让学生们更易于接受。例如，在体育教学中，许多动作具有连贯性，稍纵即逝，这给教师进行讲解和示范带来了难度，通过利用信息技术，可以把这些复杂的动作通过慢放、重放等方式讲解，减轻了教师重复多次示范学生仍不得要领的尴尬境地。并且，许多技术动作的完成需要对各自身体的肌肉群的了解和感悟，慢慢带动练习。通过运用多媒体技术，教师能够一边播放肌肉解剖图，一边对学生的动作进行实际指导。

此外，在全球化的推动下，通过网络互动教学，可以更准确地了解国内外的体育教学的动态和情况，把各种体育声像及图文资料及时展示到学生面前。例如许多中国大学与美国大学拥有合作，由于美国大学校园体育文化风行，拥有非常丰富的体育活动，其中有一些方式和资料可通过网络进行学习和借鉴。体育学科自身的发展决定了如今许多的更新内容需要数字化的动态演示教学，这是传统的教学模式无法完成的，所以呼吁网络教育在体育教育中进行有力补充。再者，体育教师应该紧跟社会新现象，并充分利用社会资源补充体育教学所需的设备，如 ofo 等共享单车的出现，即可被体育教师运用到课堂中，进行身体素质训练等内容。

### （四）落实校园体育制度文化的细节

#### 1. 体育规范细节落到实处

高等院校应在遵循国家体育政策的原则下，制定出适合本校的体育规范，学校的体育领导、体育教师和学生都应该遵守学校的体育规范，并且要把体育规范细节化，落到实处，做到有效实施，执行到位，校园体育的每一项活动都要严格遵守相关政策和规范。例如体育教师工作守则应落实到体育教师的每一项工作上，不止落实到教学上，在学校的每一项工作都要按照工作守则进行；体育课堂规范制度要落实到每一节课堂上；适当修改体育场馆管理条例，应根据学生的业余时间，学生的爱好对体育场馆进行合理的管理等。高等院校通过落实体育规范，可以让学生时刻遵守规则，有一定的约束作用，能够让这些未来的教育工作者在以后的工作中爱国守法、爱岗敬业。各大院校应通过体育文化以培养师范生的遵守规则和执行能力为根本，在未来以爱国守法为基本原则执教。

## 2. 增加有特色的体育传统项目

目前各大高校都组织举办了运动会、体育文化节、体育竞赛等活动，但组织具有特色的体育活动相对较少，各高校应根据自身优势组织富有特色体育活动。

## 3. 优化体育教学的组织和管理制度

在接受高等教育阶段，许多大学生仍不完全具备足够的自律能力。因此，通过制定健全科学的规章制度和条例，建立强有力的约束机制，以此强化学生的体育意识和行为，促进锻炼风气的形成，是高校体育文化建设的另一重要方向。

首先，优化体育教学的管理制度需要落到实处。比如通过制定课堂常规考试标准和办法，确保体育课程的中心作用；制定课外锻炼、早操等管理制度，确保其他形式的体育教学活动走向经常化、制度化。其次，体育管理机构应该加大力度进行宣传，使每个人心里都有遵循体育规章制度的意识。此外，还需加强对学校体育组织机构的建设，如体育教学部、体育俱乐部的职责和权力的明确，只有将职能和责任对等起来，才能督促各机构切实履行优化组织教学的任务。同时，学校应该给予各组织机构相应的竞争和激励措施。在各体育组织机构之间搭建竞争平台，对为优化体育教学活动、促进体育文化建设活动贡献力量的机构进行奖励。由于组织管理行为只能在行为的发生过程中起到监督的作用，而真正驱动教师和学生自发遵循和完善体育制度的是激励。

## 4. 加强体育教师与学生的互动机制建设

高校对体育教师的要求非常高，不仅需要安排课程、组织体育活动、配合学校的管理，而且还需要进行科学研究和提高整个领域的发展水平。因此，学校多注重对教学过程中教师的能力要求和培养，如运动能力、教学能力、组织能力和科研能力。这些能力可以通过自学、开展教研活动和科学研究活动获得。

但是，高校体育教师除了在能力方面影响学生的体育技能水平，还会在体育意识、体育修养方面应该学生对体育活动的态度和价值观。体育教师除了在体育教学课堂上完成本职工作，还需要加强与学生的课外互动，将体育教学过程中的东西切实运用到生活中，帮助学生培养良好的体育习惯，形成尊重体育事业、投入体育锻炼的良好的体育价值观。

由上所述，强化体育教师与学生的互动机制建设应该从体育课程设置、体育课堂互动、课外体育竞赛、体育文化生活等方面进行建设。在体育课程的课

程目标编制以及课程实施大纲前，体育教师可在课程前期进行调研，征求学生们对于体育项目的偏好以及体育课程形式的建议，让体育课程融合学生们的新发展和新思想。在体育课程互动过程中，体育教师应该融入更多时代元素，对课程的新奇感能够让学生们更加专注于课堂内容，比如在做体育游戏时，运用手机二维码等工具，或是现有的已开发的可利用的 APP，让学生们在体育课堂之外将体育游戏运用到生活中。作为体育文化制度建设的一部分，在对体育教师的评价中，将是否创新性地、全方位地加强与学生的互动机制体现出来。

### （五）完善校园体育行为文化的开展

#### 1. 优化体育课程设置

多数学生选体育公选课时，想选自己喜欢且感兴趣的，存在着学生选不到自己所喜欢的课程，调剂到其他的体育课程的情况。因此，各高校在学生进行体育选课之前，应进行学生预选课或者预调查，了解学生的兴趣爱好之后，对课程设置进行优化，最大化的使学生选到自己感兴趣的课程。

此外，学校体育教师应该优化体育课程的考试内容，消除学生对考试通过率的顾虑，不会选择自己不喜欢但是考试易通过的课程。学校通过优化课程，不仅使学生学到了自己想要学到的知识，可以让高等院校学生在以后的工作教学中能够优化配置自己的教学计划，使学生获得更多的知识，为国家培养更多的人才。因此，各高校应改变传统的教学方式，要制订符合师范生培养的教学计划，并且督促教学计划的实施。体育老师应因材施教，按照学生的个体差异，采取灵活多变的教育方式，以培养师范生能优化配置教学方法和目标为计划，在未来可以优化教育事业。

#### 2. 丰富体育竞赛内容

高等院校应丰富体育竞赛的内容，多开展一些受广大学生喜爱的体育竞赛项目。例如多举办一些跳绳、拔河等既简单有趣，又能使广大学生参与的体育竞赛项目。由于目前高等院校学生身体素质相对不高、女生人数较多，在组织竞赛时可以对一些进行时间较长、运动过于激烈的运动，适当缩小场地或者更改规则让不善于运动的学生积极参与，如缩小足球场地和比赛人数，利用半块场地进行比赛；取消篮球计分规则，只按进球数量的多少来判定比赛结果等，这些方式都可以使运动技术相对不好、体力相对不足的学生参与到竞赛中来。

#### 3. 树立学生正确运动动机

目前，高等院校多数学生在进行各项体育活动时没有形成一个正确的运动动机，高校的体育教学、社团活动以及体育讲座中，都应引导学生树立正确的运动动机，让学生在进行体育活动中明确自己的目标，使学生体育课程、体育竞赛和课外体育活动都有一个新的认识，自身在参与体育运动时，应明确自己的目的，根据自己的实际需要去选择合适自身的运动项目，促进学生的全面发展。高等院校广大学生可以通过正确的运动动机，树立正确的人生观和价值观，这对高等院校培养人才的理念是一致的。高校师生只有树立了正确的人生观和价值观，才能够在未来的工作岗位中正确影响着一代又一代的人。

### 4. 增加体育知识的传授类型

高校体育教师在进行体育技术知识的同时，应增加对理论知识的传授，学校可以开设体育理论课程或者体育理论知识讲座，提高学生对体育的认知度。此外，教师在学期教学计划上，可以安排对理论知识的传授，每个学期可以用一些课时，进行理论知识的教学。学生可以通过多种类型体育知识的学习，学习多种教学方式，使自己在未来工作的过程中可以通过多种思维，用多种方式进行教学。

### 5. 加强对大型体育赛事的承办

目前，高等院校的大型体育赛事可以促进学校之间的交流，有效传播体育文化，提高学校的文明形象。因此，高等院校应努力做好大运会等大型赛事的前期筹备工作，同时积极向大学生体育协会提出承办申请，努力做好申请大运动赛事承办的前期工作。此外，还要依托赞助和社会各界力量，尽可能地多承办企事业单位的大型体育比赛，构建学校和社会一体化的体育新趋势，提高高校自身的体育知名度，从而更好地传播和交流高校的校园体育文化。

### 6. 扩大社团数量并进行严格管理

高等院校在组织成立体育社团时，应多根据自身优势，发展富有特色的体育社团，增加社团数量，使同学在参加社团时，有更多的选择性。高校根据自身特色，开设了体适能健康协会、康复保健协会、啦啦操社团等，受到了广大学生的欢迎。对此，其他院校也应根据自己的特色扩大体育社团数量。

此外，各学校应健全体育社团管理条例，对不同类型、不同种类的体育社团都进行严格的管理，社团一旦出现管理混乱、不进行社团活动或者出现浑水摸鱼的情况，应取消社团申请资格，禁止社团纳新。同时，对一些比较优秀的社团进行一些体育器材、体育优秀社团称号等方面的奖励，能够有效激励各类体育社团发展。

### 7. 增加运动队数量并改变选拔方式

高校在进行校运动队建设时，应增加运动队的数量，不止局限于建设自身有优势项目的运动队，可以增添一些学生和运动员有极大兴趣爱好的运动队，这些运动队经过训练之后，也可以成为学校的体育代表队。

另外，学校在进行运动队队员选拔时，可选拔一些素质较好的非体育专业的学生，这些非体育专业的学生很可能经过科学地系统训练之后，发挥出巨大的潜能，为学校争得荣誉。另外，高校也可以选取对体育运动有极大爱好的非体育专业学生到校替补队，可以临时接替受伤或有临时状况的队员，为学校体育的发展贡献出一份力量。

此外，各高校应扩大自身的体育优势，加强对高水平运动员招生资质的申请。在高水平运动员入学后，高水平运动队可以和学校运动队一起进行训练，两者之间相互学习、相互促进，在教师的科学指导下，提高体育成绩，能够在未来的比赛里，取得优异的成绩。

### 8. 引导学生进行科学化课余体育活动

进行科学化的课外体育活动，才能使身心得到有效的锻炼，目前高校学生在进行课余体育活动时没有遵循科学化的原则。因此，学校体育部门和体育教师应进行正确的引导，使学生在进行课余体育活动时尽可能地科学化、合理化：刚开始进行体育活动的学生可以每周运动两次，每次至少运动半小时以上；对进行过一段时间体育活动的学生来说，应适当加大运动频率和运动时间，做到每周至少三次，每次运动在一小时以上的身体活动；对于身体素质较好的学生，应持续坚持体育运动，保证每天健康运动一小时的标准。高校可以通过指导学生进行科学的锻炼，提高大学生的身体素质，使大学生能够有一个好的身体状态投身到教育事业。

# 参考文献

## 一、著作

[1] 王文臣，曹明贵，等 . 市场社会主义与人本社会主义研究 [M]. 北京：经济科学出版社，2004.

[2] 上海科技教育系统思想政治工作研究会 . 做大学生全面发展的人生导师：第四届上海高校辅导员论坛优秀论文选 [M]. 上海：上海教育出版社，2008.

[3] 陈伟，魏万珍，王清芳，等 . 体育道德论 [M]. 成都：四川科学技术出版社，2008.

[4] 苗大培 . "第 3 部门"与全民健身服务体系 [M]. 北京：北京体育大学出版社，2009.

[5] 章罗庚 . 校园体育文化导论 [M]. 长沙：湖南大学出版社，2009.

[6] 邓演平 . 大学生思想政治教育论 [M]. 长沙：湖南大学出版社，2010.

[7] 杨秋仪，吕忠福 . 中外音乐教育比较 [M]. 武汉：华中师范大学出版社，2010.

[8] 刘军 . 校园文化视野下的学校德育研究 [M]. 合肥：合肥工业大学出版社，2012.

[9] 孙大光 . 体育文化概论 [M]. 北京：高等教育出版社，2013.

[10] 赵学琳 . 文化生产与文化先进性研究 [M]. 北京：中国社会科学出版社，2014.

[11] 王志强，徐国富 . 大学体育与健康教程 [M]. 西安：西安电子科技大学出版社，2014.

[12] 郭磊 . 体育教育的新视野 [M]. 长春：吉林大学出版社，2015.

[13] 刘廉明 . 大学生职业生涯规划与就业指导 [M]. 厦门：厦门大学出版社，2016.

[14] 李浩朱. 现代体育文化传播与发展的再审视 [M]. 北京: 九州出版社, 2016.

[15] 常超. 现代信息技术视角下的体育教育专业发展研究 [M]. 北京: 地质出版社, 2016.

[16] 程明吉, 解煜. 大学体育教育理论知识与运动实践研究 [M]. 长春: 吉林大学出版社, 2017.

[17] 徐新等.《毛泽东思想和中国特色社会主义理论体系概论》专题研究 [M]. 长沙: 湖南师范大学出版社, 2017.

[18] 李丽娜. 互联网背景下的大学生创业基础与实践指导 [M]. 北京: 新华出版社, 2017.

[19] 罗玲, 温宇, 蓝芬. 体育教育教学改革研究 [M]. 北京: 民族出版社, 2017.

[20] 宁昌峰. 现代体育教育训练的理论发展与创新研究 [M]. 北京: 煤炭工业出版社, 2017.

[21] 李伟. 垄断与创新: 当代职业体育的新经济学分析 [M]. 北京: 首都经济贸易大学出版社, 2017.

[22] 安杰. 体育教育对非智力因素的培养价值及实现路径 [M]. 长春: 东北师范大学出版社, 2018.

[23] 刘贵友. 高职院校体育素质拓展教育课程改革研究 [M]. 南昌: 江西科学技术出版社, 2018.

[24] 周秀蓉. 现代社会体育教育的思考与探索 [M]. 广州: 广东旅游出版社, 2018.

[25] 受中秋, 王双, 黄荣宝. 高校体育教育发展与改革探究 [M]. 长春: 吉林大学出版社, 2018.

[26] 周辉. 现代体育文化体系分析与发展研究 [M]. 北京: 中国水利水电出版社, 2018.

[27] 刘大维, 胡向红. 新时代高校体育教育专业人才培养模式理论和实践研究 [M]. 成都: 四川大学出版社, 2018.

[28] 刘伟. 高校体育教育创新理念与实践教学研究 [M]. 北京: 九州出版社, 2019.

[29] 闫二涛. 中国高等体育教育改革之路: 以 14 所体育院校为例 [M]. 北京: 知识产权出版社, 2019.

[30] 邱君芳. 体育教学优化与学生综合素养提升研究 [M]. 北京: 中国原子能

出版社，2019.

[31] 查毅．体育教学设计与实践研究［M］.长春：吉林文史出版社，2019.

[32] 李利华，邢海军，谢佳．体育教学思维创新与运动实践研究［M］.南昌：江西高校出版社，2019.

[33] 张京杭．高校体育教学方法实践探索［M］.北京：现代出版社，2019.

[34] 蒿彬．现代体育教学多元理论与实施路径研究［M］.北京：中国书籍出版社，2019.

[35] 高立群，王卫华，郑松玲．素质教育视域下大学生体育教学改革研究［M］.长春：吉林人民出版社，2019.

[36] 潘家华．生态文明建设的理论构建与实践探索［M］.北京：中国社会科学出版社，2019.

[37] 任俭，王植镯，肖鹤．体育教学原理及体育学法的创新研究［M］.北京：中国纺织出版社，2020.

[38] 曹垚．现代体育教学理论与实践训练探索［M］.长春：吉林人民出版社，2020.

## 二、期刊

[39] 郭传鑫．创建高校体育俱乐部竞赛体制的设想［J］.聊城大学学报（自然科学版），2007（04）：80-83.

[40] 秦萍．浅论音乐舞蹈对创新能力培养的作用［J］.湘潮（下半月）（理论），2008（03）：108.

[41] 包雪鸣．体育教学中合作学习的展开、评价及受限［J］.体育与科学，2008（03）：93-96.

[42] 蒋世玉，史燕，魏贤军．大学城课外体育俱乐部运行机制的分析研究［J］.淮北煤炭师范学院学报（自然科学版），2008（01）：63-66.

[43] 胡春红．加强校园体育文化建设 培养高素质人才［J］.郑州铁路职业技术学院学报，2008（01）：78-79.

[44] 王静远．学习与创新对提升企业竞争优势的作用［J］.交通企业管理，2009，24（03）：22-23.

[45] 王开伟，张欢．体育教学中如何运用现代教育技术［J］.黑龙江科技信息，2009（29）：174.

[46] 丁喜成．悬臂浇筑连续梁墩顶临时锚固方案设计［J］.科技信息，2010（11）：694-695.

[47] 孙伟. 后奥运时期我国城市体育文化创新的路径选择 [J]. 成都体育学院学报，2010，36（12）：1-5.

[48] 姜国钢. 高校体育在构建校园文化中的作用分析 [J]. 杭州师范大学学报（自然科学版），2010，9（04）：310-315.

[49] 郑丽娟. 新唯物主义"人本"内禀的理论奠基之路——关于马克思理论的一种整体性解读 [J]. 广东社会科学，2011（04）：122-127.

[50] 陈贻坚. 新课程背景下体育与健康教学中生命教育的渗透 [J]. 学校党建与思想教育，2012（26）：24-25.

[51] 罗艳春，邓小刚. 高校高水平运动队对高校校园体育文化的影响 [J]. 湖北体育科技，2012，31（01）：107-108+124.

[52] 胡孝海，吴严冰. 体育文化在体育教学过程中的缺失与重塑 [J]. 教学与管理，2012（24）：119-120.

[53] 孔凌. 从素质教育视角论高校校园体育文化建设的途径 [J]. 当代体育科技，2013，3（02）：96-97.

[54] 杨艳春，付维. 提高党的执政能力探析 [J]. 江西科技师范大学学报，\ 2013（01）：28-32.

[55] 刘书博. 如何面对中国传统体育文化边缘化局面 [J]. 搏击（武术科学），2013，10（02）：79-81.

[56] 杨殿金. 视唱练耳教学的体会及启示 [J]. 湖北科技学院学报，2013，33（07）：121-122.

[57] 陈平辉. 民族传统体育视阈下的高校体育文化建设 [J]. 郑州航空工业管理学院学报（社会科学版），2014，33（05）：181-183.

[58] 刘复兴. 中国特色社会主义教育发展道路的几个基本问题 [J]. 教育研究，2014，35（07）：4-8.

[59] 陈进婉. 新形势下司法行政机关强制隔离戒毒工作模式的探索与创新 [J]. 中国司法，2015（04）：83-90.

[60] 杨献南，鹿志海. 形式逻辑视角下的体育素养概念辨析 [J]. 南京体育学院学报（社会科学版），2015，29（02）：89-92.

[61] 赵传勇. 合作学习理论视域下足球教学实验探究 [J]. 体育科技，2016，37（06）：141-142+144.

[62] 陈绍芳，张玉红. 电脑绣花课程教学改革与实践 [J]. 纺织科技进展，2016（03）：62-64.

[63] 张秀杰. 大学生公寓文化建设探析 [J]. 教育观察（上半月），2016，5（04）：

56-58.

[64] 郑正真. 论精准扶贫思想的"人民性"[J]. 宁夏大学学报（人文社会科学版），2016，38（04）：55-59.

[65] 江国华，彭超. 马克思主义自由价值观：内涵与道路——对社会主义核心价值观中自由的理解 [J]. 青海社会科学，2016（03）：72-79.

[66] 景福兴. 创新性定向运动对中学校园体育文化的影响 [J]. 教育现代化，2016（02）：262-264.

[67] 吴洪. 高校体育教学存在的问题及对策 [J]. 当代体育科技，2017，7（12）：123+125.

[68] 刘西晓. 高校体育教学改革的策略研究 [J]. 山东农业工程学院学报，2017，34（08）：86-87.

[69] 张恒，周玲玲. 非体育专业学生参与体育锻炼情况调查分析——以商丘师范学院为例 [J]. 体育科技，2018，39（06）：161-162+164.

[70] 许耀桐. 马克思恩格斯社会主义民主思想的形成和创立——纪念马克思诞辰200周年 [J]. 新视野，2018（05）：5-13.

[71] 王捷. 我国高校体育教学的改革现状与策略研究 [J]. 当代体育科技，2019，9（21）：108-109.

[72] 石丽妃. 浅析中职学校茶文化进校园的建设 [J]. 科技资讯，2020，18（17）：200+202.

[73] 吴军. 新时代高校思想政治理论课实践教学保障体系研究 [J]. 昭通学院学报，2020，42（06）：7-12.

[74] 梁富泉. 终身体育教育思想在体育教改中的作用分析 [J]. 才智，2020（21）：158-159.

[75] 祁光耀，熊玉玲. 人性化视野下高校体育教学改革的现状与展望 [J]. 普洱学院学报，2020，36（03）：83-85.

[76] 郭新斌，陈强. "互联网＋"时代背景下高校体育教学模式改革与实践 [J]. 梧州学院学报，2020，30（03）：75-78.

[77] 郭晓光. 关于基础教育课程改革与高校体育教育专业人才培养的探讨 [J]. 科教导刊（上旬刊），2020（16）：43-44.

[78] 孙蕊. 基于新课改背景下大学体育教育改革浅析 [J]. 才智，2020（14）：89.

[79] 万肖. 我国高职院校的体育教学现状及改革思路 [J]. 当代体育科技，2020，10（13）：137+140.

[80] 刘东升. 高职体育教学改革的创新与实践分析 [J]. 当代体育科技, 2020, 10 (11): 13-14.

[81] 曹曲岩, 姚大为. 新时代校园体育文化传播的重要性及实施路径研究 [J]. 边疆经济与文化, 2020 (08): 81-82.